本教材得到以下基金项目和单位的支持:
1. 浙江省高校"十三五"优势专业建设项目——电子商务
2. 2018 年浙江省社科联社科普及课题,课题编号:18ZC
3. 义乌工商职业技术学院电商发展研究院

U0590709

Wangdian Kefu Xiaoshou Jiqiao

网店客服销售技巧
——让客户黏上你的秘诀

陶 杰 ◎编 著

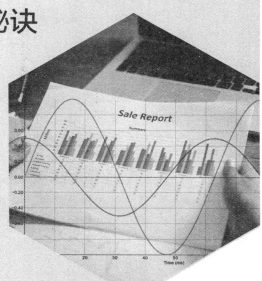

ZHEJIANG UNIVERSITY PRESS
浙江大学出版社

图书在版编目(CIP)数据

网店客服销售技巧：让客户黏上你的秘诀 / 陶杰编
著. —杭州：浙江大学出版社，2019.6
ISBN 978-7-308-18822-7

Ⅰ.①网… Ⅱ.①陶… Ⅲ.①电子商务—商业服务—
高等职业教育—教材 Ⅳ.①F713.36

中国版本图书馆 CIP 数据核字（2018）第 283678 号

网店客服销售技巧

——让客户黏上你的秘诀

陶杰　编著

责任编辑	徐　霞	
责任校对	杨利军　汪　潇	
封面设计	春天书装	
出版发行	浙江大学出版社	
	（杭州市天目山路 148 号　邮政编码 310007）	
	（网址：http://www.zjupress.com）	
排　　版	杭州林智广告有限公司	
印　　刷	嘉兴华源印刷厂	
开　　本	787mm×1092mm　1/16	
印　　张	9.75	
字　　数	201 千	
版 印 次	2019 年 6 月第 1 版　2019 年 6 月第 1 次印刷	
书　　号	ISBN 978-7-308-18822-7	
定　　价	32.00 元	

PREFACE
前　言

电商创业现如今已经如火如荼，很多电商创业者把网店运营过程中如何获得流量、如何寻找稳定货源、如何写文案等看得非常重要，而往往不在意他们的客户，在维护客户方面花的功夫远不及运营过程的其他环节。不过行业内已经有人开始专注于维护客户环节，他们发现一旦开始专注于客户关系管理，网店的流量及收入就会有很大的提高。电商创业已不再是流量和付费广告的竞争，而是对客户的竞争，你的网店关注的人越多，客户对你的忠诚度越高，你的业绩就越来越好。重视客户，让客户黏上你，是电商创业者成功的秘诀。

客服的发展与作用

客服工作是一项以服务客户为价值导向的活动。在电子商务发展的起步阶段，其发展还不完善，没有被广大客户所认知和信任，消费者购买商品不会首选电子商务的平台，那时很多店铺卖家也都是集美工、产品运营、客服于一身来经营店铺，客服并不被重视。但随着电子商务的迅速发展，卖家们意识到了客服在接待客户、跟踪订单、售后服务中的重要性，于是客服越来越被重视，甚至被视为网店发展不可或缺的一环。事实也正是如此，电子商务平台出售的不仅仅是商品，更是一种服务，正因为客服能和消费者进行正面接触，所以我们可以毫不夸张地说：客服工作在一定程度上掌握着店铺的"生死大权"。

本书编排思路

本书是一本专业的网店客服"修炼秘籍"，涵盖了网店客服所需要了解的重点知识。全书共分为五章。第一章从 CRM 的定义写起，阐述 CRM 的定义，传统零售CRM 与电商 CRM 的关系，以及 CRM 在电商中的地位等，使读者能够了解电商创业过程中客户的重要性。第二章结合电商创业过程的网店运营流程，阐述售前、售中、售

后如何服务客户,做好客户体验,将客户当作上帝能给网店带来什么。紧接着,第三章深入探讨如何抓住客户心理,发现客户的心理变化,让客户感到好奇,排除客户的异议心理,抓住客户的"弱点",这一切行为都是在与客户"谈恋爱",将客户当成恋人,让客户喜欢和接受。第四章讲述电商企业运营过程中与顾客紧密接触的岗位——客服岗位的销售技巧,包括让客户相信你、拉近与客户的距离、给人买单的理由、学会利用心理"诡计",这些技巧能帮助客服轻松搞定客户。最后在第五章中讲述如何维护你的客户,让客户成为你的"粉丝",让"粉丝"成为"铁杆粉丝",让客户黏上你。

另外,本书在最后精心设置了"知识与技能训练",并参考了由庞海松老师主编、浙江大学出版社出版的教材《网店客服实训教程》。

如何阅读本书

本书最大的特色就是没有拘泥于市面上大多数客服教程的讲解方式,而是用最通俗的语言、最详细的案例讲解客服的专业知识。阅读此书需要结合网络平台,跟随本书的内容进行实际操作和记录,读者既可以根据书本编写的顺序阅读,也可根据自身需求查询阅读。让我们一起学习客服销售技巧,成为独一无二的金牌客服吧!

本书的出版得到了浙江大学出版社的大力支持,同时也得到了义乌工商学院创业学院(创业园)、电子商务学院王晓明院长的大力支持和帮助,在此致以衷心的感谢!

目录
CONTENTS

了解客户——CRM 概述

1.1 什么是 CRM

1999 年，Gartner Group 公司（高德纳咨询公司）提出了 CRM 概念。CRM 的英文全称是 customer relationship management（客户关系管理），从字面意义上看，首先是要有一个管理的目标客户群，然后通过一定的管理手段来进行关系的建立和深化。CRM 旨在通过整合企业内部的资源和流程，完成企业与客户在销售、营销和服务环节中的交互，从而强化企业与客户之间的关系，其最终目标是吸引新客户、保留老客户以及将已有客户转为忠实客户，从而产生口碑效应。

在电子商务运营过程中，通常潜在客户来源于询问和浏览，新客户来源于潜在客户的成交，老客户来源于重复交易。所以，从电商的运营逻辑来说，CRM 需要解决三个问题：一是促成潜在客户的成交；二是促成客户的再次购买，即通常说的回购率；三是让会员能够分享和传播，即以老带新。

1.2 传统零售 CRM 与电商 CRM 的关系

1.2.1 传统企业的电商之路

传统零售企业在 2010 年左右开始接触互联网，始于淘宝商城。最初，这些传统企业通过淘宝商城这个电商渠道来处理企业积压的库存，电商平台为传统企业的库存倾倒提供了很好的渠道。这个时期被称为传统企业的"下水道"时期，大幅度的折扣被叠

加在品牌商品上,客单价形成了高达 4 倍的差异。

处理库存的电商模式运行一段时间后,低客单价的销售模式对品牌的价值产生了严重冲击,大多数的传统企业开始觉醒,回归理性,企图在线上开始经营自己的正价商品。但是,正价商品需要提升商品价格,而在消费者追求"物美价廉"的消费心态下,大幅度提升价格并不能被客户接受,因此导致正价商品在线上销售困难重重。

于是,很多传统企业又采用了上新款的方式,在线上开展了"线上专供款"模式,具有一定的品牌自制能力。但是很多企业在线上的实际操作中,直接将新品低价销售,没有为客户传达专供的概念,致使本来受损的品牌价值受到更大的损害。线上的经营陷入了"不打折、无销量""要打折、损品牌"的尴尬局面。

这种尴尬的线上线下差异,给企业的互联网战略发展造成了很大的障碍。例如,在 2014 年 O2O(线上到线下)大幅度发力的过程中,线上线下同款同价、全渠道同体验等,都是因为这种差异导致了大量的问题出现,使线上线下一体化不能够有效落地。

那么,如何打破这种尴尬局面?答案就是 CRM。在面临这种窘境时,需要第一时间解决的就是客户的黏性问题。这是因为,每一次新零售形式的到来,必然面临着品牌的重新洗牌。而品牌在这种不断更迭的商业模式转换中,是否能够一直带着自己的客户"转移阵地",这是最核心的问题。无论是电商、移动互联网还是 O2O,销售渠道不断在变化,但是只要品牌跟客户产生足够的黏性,那么在这种变化中,品牌会持续牵引着客户在不同的阵地消费。而要做到这种黏性,需要企业在运作的过程中,对 CRM 策略有统一的规划,时刻谨记客户资源是品牌成长最核心的资源。

1.2.2 线上线下 CRM 的区别

在电商、移动互联网、O2O 的变革中,传统企业如果抓不到客户资源,在转型中就会面临巨大的困难。在传统行业,CRM 不是一个新的概念,经过 10 多年的发展,传统行业的 CRM 也有值得电商参考的管理方式。那么,电商运营的 CRM 与传统行业有什么不同呢?

1. 信息化程度不同

传统零售企业,CRM 的客户信息主要来源于会员卡的办理,仅有客户的基础登记信息。传统零售企业对服务人员的信息化水平要求不高,懂得 POS(point of sales,销售终端)的简单使用即可,对于 CRM 的管理内容仅仅做了简单的会员卡登记和消费结算等工作。这部分数据,对于 CRM 的深入开展是不够的。

而电商企业所有的成交均发生在信息化的平台上,如淘宝和天猫平台。所有的交易信息都能够被准确地信息化,可以精确地确认消费者在什么时间、什么网络通道、通

过什么方式、购买了什么商品,所有交易的数据都能够被量化和分析。企业通过这些数据,对客户的行为做细致的剖析,为客户关系管理如精准营销、客户识别、个性化服务等提供非常强大的数据支撑。

2. 管理内容不同

在传统零售行业中,大多数品牌的CRM仅仅做了简单的会员卡登记管理。某些高客单价的陌拜型销售企业做得稍微细致一些,如对客户细化的跟踪记录、客户情报分析、机会分析等,但是由于耗费成本较高,能做到这种CRM细化管理的企业并不多。

而在电商企业,CRM是建立在数据基础上的,可以被精确地量化。在传统零售行业中,很多理想的客户关系管理方法,如销售自动化、自动化的服务流程等,在电商领域变成了可能,而基于这样的全信息化的管理策略,也使得对海量客户的行为分析变成了可能。

3. 客户群体规模不同

在传统零售行业的门店中,一个导购能够有效识别的VIP客户数在100人左右,因此,对客户提供深度CRM服务的覆盖能力是非常有限的。也就是说,虽然传统零售行业已经建立了比较好的VIP体系,但是在运行过程中,主要依赖线下相对稳定的价格体系,并利用VIP的权益主动对客户产生黏性吸引,而由店铺或品牌主动发起的营销和服务策略则非常薄弱。另外,由于客户基数较小,样本不足以支撑数据分析,所以传统零售行业的CRM策略是粗放型的。

而线上电商的客群规模完全不同:一个皇冠级的商家,数据库中的客户数就已经过万人;规模更大的金冠商户,往往拥有几百万人的客户数。在这样海量的客户基数下,电商的CRM要求很高,CRM专员要有比较好的数据敏感性和分析能力,能够从海量的客户信息和交易行为信息中,发现客户跟品牌之间的关系,从而更好地提升品牌或商家跟客户之间的联系。

4. 互动方式不同

在传统零售行业,营销和服务主要渗透在导购的过程中,导购人员跟客户面对面交流,语言、表情、动作等是跟客户形成互动的媒介。

在电商行业,所有的沟通环节都在线上进行,通过聊天软件、微信、微博等进行互动。在这种情况下,对客服的要求比较高,他们需要通过一串简单的文字,去揣测客户真实的心理需求,进而完成客户的转化。

当然,互动的方式还有很多不同,如在营销上,传统零售行业主要的广告资源投放方式是地面广告、店铺陈列等;电商领域的推广方式很多,就淘宝平台而言,有直通车、钻石展位、淘宝客等。

5. 核心业务不同

传统零售企业本身的品牌底蕴较强,客户对品牌认知度较高。在 CRM 维系模式中,商家大多将重点集中在品牌忠诚度的建设上,包括 VIP 体系的建立(即会员体系的建立)以及积分体系等忠诚度管理。

在电商领域,大多数品牌以物美价廉为主要卖点,CRM 的侧重点则完全不同。电商 CRM 的侧重点:一是打造良好的线上服务流程,提升客户体验;二是以营销活动为导向,实现客户的重复购买。一方面,紧抓服务和商品质量,提升品牌的附加值,逃离低价策略;另一方面,通过有效的方式,如节假日优惠活动、大促等圈住客户,防止客户流失。

1.3　CRM 在电商中的地位

在电商红利时代,CRM 曾一度不被重视。当时,新客引流价格很低,有些甚至是免费的。大多数商家将主要精力放在了新客户的引流上,没有关注 CRM 的建设。后来,大量线上品牌的出现和传统企业的入驻,导致红利时代几乎在一夜间结束。一个新客户成交的成本攀升到了 100 元以上,此时,老顾客的价值才被重视。但是,由于早期线上品牌对客户资源的不重视,给 CRM 的维系造成了很大的难度,CRM 的开展等于从零开始。仅有个别品牌在电商红利时代,因为注重 CRM 的建设,经过多年客户资源的积累,在电商竞争激烈的今天,在线上独占鳌头。

其实,传统企业要长远发展,更需要保护品牌客户资源。在电商快速发展的今天,这种重要性会不断被放大,电商企业本身的竞争力更多依赖于现有平台的流量补贴,其竞争实力更加脆弱。所以,保护好客户,才能够活得长久。CRM 经营良好的企业,带着客户走;经营不好的企业,被客户牵着鼻子走。

电商的 CRM 经营过程是以数据为中心、以客户营销为突破口的综合性工程,需要长期坚持服务体验建设。

1.3.1　数据化的客户资源

数据化是电商所固有的特征,在平台中,可以数据化的内容很多。客户信息的数据化体现在流量、推广、行为、交易、营销、口碑等。这些数据将直接指导电商的经营,帮助电商企业建立以客户为中心可量化的经营模式。不断地通过数据思考客户的真实行为,这是电商企业在建设 CRM 过程中需要时刻保持的思维模式。

1.3.2　重视客户服务体验

经历过红利时代的商家,一般的经营模式为短平快,大多数的 CRM 状态较差。如果在 CRM 的经营过程中进行过度营销,甚至会起到反作用。比如,在"双十一"活动之前,如果店铺直接短信告知客户活动马上开始,请客户过来购买,那么对于店铺的非活跃客户来说产生的共鸣会很低,他们甚至会认为这是骚扰短信,对店铺也会造成负面影响。而如果我们事先在"双十一"之前的国庆长假期间做一次对客户的出行关怀活动,那么,在"双十一"活动之前再发送短信的时候其结果将是完全不同的。服务体验的建设,实际上是为营销活动铺路,没有体验的支撑,效果再好的营销活动也只能是短期的。

1.3.3　以营销为突破口

重视客户体验,并不是要求商家不做营销,如果一味地做服务,没有对成本进行回收,那么任何 CRM 实施都会变得没有目的,营销是商家将 CRM 成本变现的落地点。目前,对大多数商家来说,平台的活动是整个店铺的运营逻辑。平台通常每月都有相应的大促活动,CRM 的重点工作就是利用这些营销活动,将营销转化成与老客户互动的发力区。商家在长期的服务体验建设基础上,通过营销活动让顾客产生回购行为。

上述从大的方向上说明了电商的 CRM 需要切入的三个方面,那么电商 CRM 最终需要实现的目标是什么呢?我们如何通过可量化的数据指标,来判断 CRM 实施的有效性呢?在一个店铺中,核心指标包括如图 1-1 所示的六项关键指标。

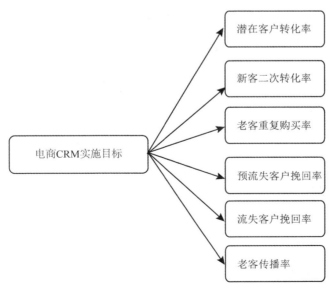

图 1-1　电商 CRM 实施目标包含的指标项

店铺 CRM 的最终指标落地在上述六项指标上,即潜在客户转化率、新客二次转化率、老客重复购买率、预流失客户挽回率、流失客户挽回率、老客传播率。

其中,潜在客户转化率是针对店铺的潜在客户,即从未成交过的客户的指标,需要通过服务和体验环节的强化,才能对此数据进行提升。

新客二次转化率、老客重复购买率、预流失客户挽回率、流失客户挽回率主要针对的是成交后客户的 CRM 行为数据,对这四项数据的提升需要先对店铺客户的生命周期做数据分析,然后进行统一的 CRM 规划,在服务和营销环节共同发力,提升这四项数据。从目前的电商 CRM 经营现状来看,这四项指标也往往会作为 CRM 健康度评估的重要指标,它们能够准确地反馈客户维系的情况。

老客传播率即通常所说的口碑建设,对于耐用品等非回购型商品来说,老客的传播率是 CRM 建设的核心要素。传播是靠不断的体验共鸣和引导来打造的,该项数据的难点是没有很准确直接的数据进行支撑,所以重点运用在部分非回购型的商品类目中。

1.4　认识客服岗位

1.4.1　客服岗位的基本概念和重要性

网店客服是指在淘宝网、天猫、京东等电子商务平台开设网店的这种新型商业活动中,利用以即时通信工具(如阿里旺旺、QQ 等)为主的各种通信工具,为客户提供相关服务的人员。

如图 1-2 所示,消费者在网购过程中,首先通过搜索等方式寻找自己需要购买的商品,在浏览过程中选定自己中意的,然后咨询该网店的客服并进行议价,最后根据综合因素选择是否下单购买。

网店的运营首先要解决的就是通过免费、付费等多种推广方式吸引客流量到自己的商品或者店铺,客流量引进来以后,店铺的装修、宝贝描述、促销活动等因素带来了询单,而客服的职业化水平就决定了能够将多少询单转化为订单。因此,在整个网购的过程中,网店客服显得格外重要,对于最后的下单成交来说,临门一脚尤其关键。

客服在一个网店团队中占有举足轻重的位置。店铺的业绩主要靠两个方面:一是整个店铺的营销策划和推广,二是客服(当然这里说的客服是广义的,还包括客户的管理与维护)。随着电子商务的发展,消费者追求的不仅仅是产品质量的保障与产品

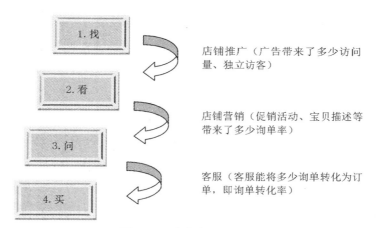

图 1－2　消费者网购流程

价格的低廉，对服务品质也提出了更高的要求，也就是说，除了要求性价比高、商品的质量要有保障之外，对于服务的要求也越来越高，从很多店铺经营案例中不难发现，消费者对于客服的投诉数量呈现递增趋势。

网店客服的重要性主要体现在以下四个方面，如图 1－3 所示。

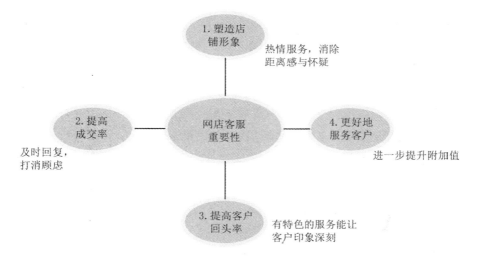

图 1－3　网店客服的重要性

1. 塑造店铺形象

对于一个网上店铺而言，客户看到的商品都是一张张图片，既看不到商家本人，也看不到产品本身，无法了解各种实际情况，因此往往会产生距离感和怀疑感。这个时候，客服就显得尤为重要了。客户通过与客服在网上的交流，可以逐步了解商家的服务、态度以及其他信息，客服的一个笑脸（如旺旺表情符号）或者一声亲切的问候，都能

让客户真实地感觉到自己不是在跟冷冰冰的计算机和网络打交道,而是在跟一个善解人意的人沟通,这样会帮助客户卸下开始的戒备,从而在客户心目中逐步树立起店铺的良好形象。

2. 提高成交率

现在很多客户都会在购买商品之前针对不太清楚的内容或优惠措施等询问商家。客服在线能够随时回复客户的疑问,可以让客户及时了解需要的内容,从而立即达成交易。有时客户不一定对产品本身有什么疑问,仅仅是想确认一下商品是否与事实相符,这个时候一个在线客服就可以打消客户的很多顾虑,促成交易。同时,一个有着专业知识和良好销售技巧的客服,可以帮助犹豫不决的客户选择合适的商品,促成客户的购买行为,从而提高成交率。有时客户拍下商品,但是并不一定是着急要的,这个时候在线客服可以及时跟进,通过向买家询问汇款方式等形式委婉地督促买家及时付款。

3. 提高客户回头率

当买家在客服的良好服务下完成了一次良好的交易后,买家不仅了解了卖家的服务态度,也对卖家的商品、物流等有了切身的体会。当买家需要再次购买同样商品的时候,就会倾向于选择他所熟悉和了解的卖家,从而提高了客户再次购买的概率。

4. 更好地服务客户

如果把网店客服仅仅定位于和客户的网上交流,那么只能说这只是服务客户的第一步。一个有着专业知识和良好沟通技巧的客服,可以给客户提供更多的购物建议,更完善地解答客户的疑问,更快速地对买家售后问题给予反馈,从而更好地服务于客户。网店只有更好地服务于客户,才能获得更多的机会。

综上可见,网店客服在网店的形象树立、店铺推广、产品销售及相关售后、客户的维护等方面均起着重要的作用,不可忽视。

1.4.2　客户服务的四个理念

服务是具有无形特征,却可以给人带来某种利益或满足感的活动。客服的服务是有形商品的重要附加值,并且同有形商品一样,强调对消费者需求的满足。对于有形商品能够规定规格大小等特征,对于服务而言,这些规格特征很难明确,因此,网店需要以"服务理念"来对客服的服务工作进行约束。客户服务的理念主要有以下四个方面。

1. 对顾客表示热情、尊重和关注

(1)热情。热情是指以热情的态度欢迎顾客的到来,以热情的话术回答顾客的疑

问。热情是客服对待顾客所必备的态度,要通过文字与聊天表情的运用,让顾客有一种宾至如归的感觉。

(2)尊重。尊重是指尊重顾客的选择和决定。客服要根据顾客的需要向顾客推荐相应的商品,但对于顾客的选择,客服不能干涉、阻挠,要以顾客的意志为主,尊重并赞赏顾客的选择。

(3)关注。关注是指关注顾客的购买需求。客服要对顾客的喜好进行关注,可以从顾客的浏览记录、购买记录等来发现顾客的喜好和要求,并对顾客选购商品的喜好进行记录。

2. 以顾客为中心

以顾客为中心的服务理念是服务行业的基本准则。以顾客为中心是以顾客的要求为中心,其目的是从顾客的满足之中获取利润,这是一种"以消费者为导向"的服务理念,这种理念也是促进网店不断发展的动力。顾客在购买商品的过程中获得了较好的服务,得到了满意的购物体验,感受到了上帝般的礼遇,自然就会与身边的朋友分享。所谓"金杯银杯不如口碑",网店或商品的口碑好,销量自然提升。

以顾客为中心必须从以下几个角度出发:

(1)良好的顾客关系。人脉即资源,良好的顾客关系有利于网店的推广和持续发展。

(2)把握顾客需求。顾客需求即市场所需,对顾客需求的分析和把握有利于对市场的分析与经营策略的调整。

(3)提升顾客消费体验。顾客就是上帝,客服的工作就是让顾客心情舒畅,为顾客排忧解难。

顾客需求主导市场方向,即顾客的需求及变化决定了网店的营销模式与销售结构。在传统的电子商务中,网店的主要任务是生产与销售商品,把握顾客需求的意识较为浅薄。随着电子商务服务性的加强,卖家们开始重视顾客的需求,尽最大努力吸引和留住顾客,并根据顾客需求改变对网店的定位,让网店的经营和销售始终跟上顾客需求的步伐,追踪和了解顾客需求的变化。而客服作为网店中与顾客打交道最频繁、时间最长的岗位,对顾客需求变化的感受最为直接。

明星的走红靠"粉丝"拥护,客服的魅力依靠与顾客的关系来体现,这种关系对于客服的工作至关重要,将决定网店的价值。尤其在信息透明的电子商务时代,互联网使顾客拥有了更多的选择机会和更大的决定权,如何留住顾客成了客服工作的重点。客服需要收集、分析顾客行为的各种信息,从中找出最具有长远效益的顾客,即具有高忠诚度的顾客,建立牢固的客户关系,实现网店未来的收益。

顾客对客服服务的评价与对商品的满意度将决定他们对店铺的忠实程度,即顾客的忠实源于消费体验。每一个顾客在了解、获得、使用以及与他人分享商品和服务时都积累了体验,满意的消费体验是建立顾客关系的关键因素之一,然而顾客的需求越来越多,他们对客服和网店的要求也越来越高,他们需要高质量的、可预见的体验,并希望接触高品质的产品和服务,这就要求客服不断提高自己的服务水平。

3. 以诚信赢得信赖

网络购物虽然方便快捷,但仍有一些不足之处,其最大的缺陷就是买卖双方信息模糊,顾客看不见客服,摸不着商品,难免会对这种新型购物方式产生怀疑。而作为顾客与网店沟通桥梁的客服,就需要用诚信来消除顾客的疑虑。

当顾客点开购物网站,无数漂亮的模特、耀眼的商品让他们迫不及待地想要下单购买,客服的推荐与介绍也让顾客急于付款。但当商品送到顾客手上,他们发现和购物网站的图片相差甚远,于是差评、投诉也随之而来,店铺的信誉反而降低。

我们常常在网上看到一些令人捧腹的"买家秀"和"卖家秀"图片对比,两者之间的巨大差异在很大程度上反映着店铺和客服的诚信度。在真假难辨的电子商务时代,保持诚信是网店成功的关键,尤其作为网店形象代表的客服,在工作中一定要以诚信赢得顾客的信赖。

首先,客服要诚实回答顾客的疑问,诚实告知顾客商品的优缺点,诚实向顾客推荐合适的商品。其次,已经给予顾客的承诺要切实履行,哪怕自己吃点亏,也不能出尔反尔。比如,在赠品承诺上,客服一定要将答应赠送的礼品做单独检查,不能让顾客失望;对发货时间的承诺也要做到严格遵守,按时发货。

4. 持续提供优质服务

客服工作的首要任务是销售商品,给顾客提供满意的购物体验,但这并不是客服工作的最终任务,形成持续性的销售才是客服能力的展现。持续性的销售要建立在客服对顾客的持续性服务上,此时对顾客信息的收集与整理就显得十分重要。将顾客的信息进行统一分组和个性化备注是每完成一笔交易后客服应该做的功课,这是客服提供持续性服务的基础。客服给顾客提供的持续性服务不能局限于一两次的购物服务,而要着眼于顾客未来的购买需求。通俗一点来讲,就是如果一位顾客第一次在店铺购买商品,那么客服的目标就是要让这位顾客第二次、第三次再在本店消费,使顾客形成一种购买习惯。要达到这一目标,可以从以下四个方面着手。

(1)主动询问、收集商品的反馈信息。当商品顺利到达顾客手中之后,客服的工作并没有结束。顾客收到的商品是否完好无损?顾客使用商品是否顺利?顾客对商品是否有意见或建议?这些都是在交易完成后客服应该主动向顾客询问的问题,这不

仅有助于提升顾客的购物体验,还能帮助店主根据顾客的反馈及时调整网店的产品结构,有利于网店的发展。

(2)必要的节日问候。问候是人与人之间联系的纽带,客服掌握了顾客的联系方式,不能将这么重要的资源白白搁置,应该加以合理运用,加强网店在顾客心中的存在感。每逢佳节为顾客送上问候的祝福短信,这是让顾客打心眼里感到温暖、加深对网店印象的最好途径,也能避免使顾客产生反感。

(3)贴心仔细的生日惊喜。懂得回馈顾客的网店是具有前瞻性的,在顾客的生日之际,一句简单的祝福,一张店铺优惠券,一件小礼品的回馈,这些细心的生日小惊喜,最能博得顾客的好感,增加他们再次购物的欲望。

(4)商品信息的及时传达。信息的流畅性是影响顾客前来购买的因素之一,客服可以通过短信、邮件给顾客传递新品信息、优惠信息,让顾客随时了解网店的动态,刺激顾客的购买欲望。

要知道每一个客户的呼入,都有可能是在花费了很多运营成本之后才能得到的,都是十分难能可贵的资源。

案例 1-1

顾客:老板在吗?

客服:在。

顾客:这款有货吗?

客服:没。

简简单单的一个"没"字,就把客户拒于门外,那么之前的一切努力和付出都失去了价值。所以在这样的情况下迎接顾客,我们更应该思考如何留下顾客,把每一个呼入的顾客留住。

案例 1-2

顾客:老板在吗?

客服:您好,小店欢迎您的光临,有什么可以帮您?

顾客:你家那款白色儿童公主裙还有吗?

客服:抱歉没有了,不过现在我们还有一款很不错的粉色公主连衣裙,您要不要看一下?

如案例1-2所示,尝试用建议的口气推荐店铺中其他相近的款式商品,成交概率就能得到很大程度的提高。

通常来看,我们可以把销售客服分为三等:三等客服只能卖客户非买不可的东

西；二等客服可以关注到客户的显性需求，并做出精准推荐，促成更多成交量；一等客服则可以发现客户的隐性需求，发掘更多关联销售的潜在机会（见图1－4）。

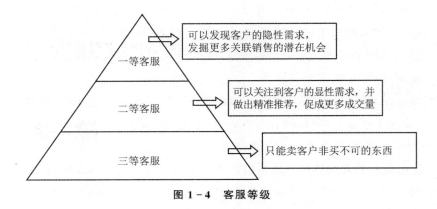

图1－4　客服等级

如果我们的客服都是三等客服，只会卖客户非买不可而且肯定有货的东西，没有方法、没有技巧、没有任何努力，买就买、不买就算了，这不是一个优秀销售客服应该有的工作态度。要记住一点，永远不要对顾客说"不"，而要关注到顾客的购买意向。

1.4.3　客服人员的四种职业素质

如果我们仔细考量那些优秀人才身上的成功要素，就会发现良好的基本素质在其经历中起到了积极作用。随着社会的进步，我们面对着越来越讲究效率的环境、紧张的生活节奏和快餐文化，人心变得越来越浮躁。对于一个刚入职场的网店客服来说，拥有一些基本的素质是维持可持续发展的保障，如个人修养、专业素质、心理素质、综合素质等。

1. 个人修养

个人修养与道德品质的结构和道德教育的过程有一定的一致性，是个人魅力的展现。

宽容与忍耐是客服人员的一种美德，也是客服人员必须具备的修养。客服上岗的必备品格就是要有一颗包容心，要学会包容和理解顾客。客服服务的对象是性格各异、价值观各不相同的人群，他们思考或处理问题的方式有很大不同，甚至会遇到刁钻刻薄的顾客，但客服人员一定要谨记自己的工作任务，保持宽容的心态，避免与顾客发生冲突。

客服部门作为网店的服务窗口，要对整个网店负责。客服更要勇于承担责任。客服工作是繁忙而紧张的，工作压力很大，在工作中出现失误是难免的，这就要求客服人员有一颗敢于承担责任的心，不能互相推卸责任。

客服人员应该拥有一颗平等博爱之心，真诚对待每一个顾客。对于客服而言，一

颗博爱的心就是平等地对待每一位顾客,真诚对待顾客的需求,不能因为顾客购买数量的多少而区别对待,遵循"大顾客""小顾客"同等服务的原则,让顾客感受到来自网店的关心和爱。

谦虚是一个客服人员应有的素质,也是做好客服工作的基础。客服人员具有一定的专业性,对商品的熟悉程度略强于顾客,但不能就此认为顾客所说的都是外行话,不重视顾客的需求,甚至在顾客面前卖弄炫耀,招来顾客的反感。

强烈的集体荣誉感是客服团队的精神核心。任何一位客服所做的一切不是为了表现自己,而是为了做好整个网店的服务工作,客服之间要相互帮助,荣辱与共,建设共同的大家庭。

2. 专业素质

良好的语言表达能力是客服与顾客交流沟通的必要技能,尤其对电子商务行业来说,顾客和客服之间有着地域的阻隔,交流沟通只能通过冰冷的显示器,因此,沟通中的文字与表情显得尤为重要。怎样通过几句话就能详细解答顾客的疑虑?说什么样的话才能更为清晰地向顾客传递信息?这些都是客服与顾客交流时应该注意的。以最简短的话语表达最清晰的含义是对客服表达能力的基本要求。

帮助顾客解决问题是客服应尽的职责,只有全面地掌握商品的相关信息,才能帮助顾客解决疑惑。因此,客服要有丰富的行业知识和商品知识,要做商品的专家。所谓商品的专家不能仅仅停留在了解商品的皮毛,而是要从商品的选材、加工制作、洗涤保养、尺寸大小、适宜人群等各个方面进行了解。

较快的打字速度是客服人员必备的专业技能之一。客服的工作是通过互联网进行销售,工作内容的实现途径是通过打字来向顾客传递相应的信息,因此,打字速度对客服的工作效率有很大影响。一般来说,每分钟50~60字的打字速度算基本及格,每分钟70~80字的打字速度是较为优秀的。打字速度可以通过训练得到提高,网店要重视客服的打字速度,定期进行检查。

出色的客服需要具备倾听顾客的抱怨、异议和投诉的能力。顾客与客服之间是一种平等的交易关系,在双方获利的同时,客服人员还应尊重顾客,认真对待顾客提出的各种意见及抱怨。在顾客抱怨时,认真倾听,扮演听众的角色,适时给予回应,有必要的话,可以将其要求记录下来汇报给客服主管或店主,事后还可通过电话进行回访,让顾客觉得自己的意见得到了重视。

3. 心理素质

(1)"处变不惊"的应变力

所谓应变力,是对一些突发事件的有效处理。网店客服每天都面对着不同的顾

客,很多时候顾客会给客服带来一些挑战。例如,因为产品出现质量问题导致顾客投诉,客服需要快速反应找出解决办法。这些突发事件的出现都需要客服具备"处变不惊"的应变力,合理妥善解决出现的问题,让顾客满意。

（2）承受挫折打击的能力

作为网店客服人员,每天都要面对各种各样顾客的误解甚至辱骂,因此客服需要有一定的承受能力。有时顾客越过客服直接向上级主管投诉,有些投诉可能夸大其词,原本客服做得没有那么差,但到了顾客嘴里就变得很恶劣,恶劣到应该马上被开除。那么主管在顾客投诉以后就会找客服谈话,此时,客服需要有承受挫折打击的能力。

（3）情绪的自我掌控及调节能力

一般来说,一位网店客服每天要接待100～200位顾客,可能第一位顾客就把你臭骂了一顿,你心情因此变得很不好,情绪很低落。即使这样你也不能回家,因为后边的顾客依然在等着你服务。这时你会不会把第一位客户带给你的不愉快转移给下一位客户?这就需要掌控情绪,调整自己的情绪。因为对于后面的顾客,你永远是他的第一位。

客服人员每天都需要用技巧来提升自我情绪的感染力。但是日复一日单调的工作环境、捉摸不定的顾客、变化无常的市场、精明能干的竞争者……这些原因都在压抑着原本就紧张不安的客服,那么如何才能保持激情呢?答案就是做自我情绪的主人。

客服人员要点燃顾客的激情,就要先点燃自己的激情,因为只有真挚的感情才能感染顾客的情绪。情绪如同钟摆一样,负面情绪的能量有多大,正面情绪的能量也就有多大,所以发现负面情绪时不要一味压抑,或者不去理会,任其自生自灭。建立自己的情绪管理机制,才能善于调动自己的情绪,从而影响顾客的购买决定。

（4）满负荷情感付出的支持能力

客服人员需要对每一位顾客都提供最好的服务,不能有所保留。不能说,因为今天需要对100个人笑,估计笑不了那么长时间,所以一开始要笑得少一点。这样做是不对的,对待第一位顾客和对待最后一位顾客,需要付出同样饱满的热情。这是对每一个客服的要求,只有这样,才能够体现企业良好的客户服务品质。对每一位顾客而言,对客服的印象通常就是其关于该网店的第一印象。顾客不知道客服前面已经接待了200位顾客,也不了解客服已经累了,只知道现在接待的是他自己。这种满负荷情感付出的能力每个人都不同,有的人比较弱,有的人比较强。一般来说,做的时间越久,这方面的能力就越强。

（5）积极进取、永不言败的良好心态

其实,优秀客服与平庸客服并没有多大的区别,只不过是平庸者走了99步,而优秀者走了100步而已。平庸者跌下去的次数比优秀者多一次,而优秀者站起来的次数

比平庸者多一次。当你走了 1000 步时,也有可能遭到挫折,但成功却往往躲在拐角后面,若不拐弯,你永远不可能获得成功。

即使今天接待了 100 位顾客都没有一个成功转化为订单,客服依然要面对明天的挑战,积极进取、永不言败的良好心态终会让幸运垂青。

4. 综合素质

客服的综合素质在很大程度上决定了客服工作的效率和成效,是客服经过长时间的工作积累锻炼出来的工作能力,主要包括以下几个方面。

客服服务是讲究时效性的工作,及时反应的能力十分关键。客服在回答顾客的疑问时,一定要在最短的时间内完成,不能让顾客等候太久,这也是对客服工作集中性的考验,也就是说客服不能开小差。

客服工作的另一个性质是一对一或者一对多进行工作,很多事情都需要客服"单打独斗"去完成,要自己解决工作中的棘手问题。一般来说,网店都会要求客服人员能够独当一面,不能什么事都求助他人,要具有独立工作的能力。

优秀的客服不但需要做好客户服务的工作,还要善于思考,提出对工作的合理建议,有分析问题的能力,能够帮助顾客分析和解决一些实际问题,我们将这种能力称为分析和解决问题的能力。

第二章 客户体验——把客户当作上帝

　　购物体验是客户在跟商家交流、接触时所产生的，以 CRM 为中心的商家应注重与顾客之间的交流，站在客户的角度去看自己的产品和服务，并发现客户内心深处的需求。通过客户的真实感受，建立客户体验。建立体验的关键是在客户购买过程的接触点中提供特定的服务，加深客户印象，引导客户购买。

　　购物过程是商家与客户接触的关键环节，是客户与商家之间的重要接触点。在购物过程中，商家是否能为客户提供良好的购物体验，成为客户能否建立良好的关于店铺或品牌的第一印象的关键，同时直接决定了客户未来是否会产生二次回购。网店 CRM 管理中划分的购物过程，通常分为售前、售中、售后三个阶段，如图 2-1 所示。

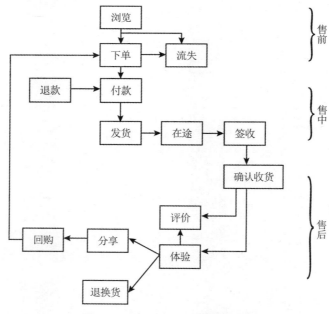

图 2-1　购物过程中的环节拆解

其中,售前阶段为顾客进店咨询到下单,售中阶段为顾客付款到签收,售后阶段为确认收货到产品体验期。

在售前、售中和售后这三个阶段中,承载 CRM 工作的人员都不一样。而对于每个阶段,商家都需要建立不同的客户刺激或事件规划,做好客户体验。

2.1　高质量的售前服务

售前客服的工作极为重要,其工作内容的精细程度非常关键。这是因为:其一,对于网店的新客户来说,除去网店页面的视觉层面,客服是与其产生互动接触的起点;其二,对于老客户来说,售前服务起到了承上启下的作用。

对售前客服的培训工作,许多商家已经在开展,但是普遍来说,还停留在如打字速度、常规产品培训、操作流程等层面上。如图 2-2 所示,客户在售前环节的流向是非常固定的,浏览之后,会进入下单、询单、流失等几个后续动作上。在这个过程中,商家一般要做两件事:第一,在视觉环节中,抓住客户的眼球,吸引静默下单或吸引询问;第二,在客户的询问过程中,通过良好的客户体验,促进成交的转化,即通常所说的提高询单转化率。

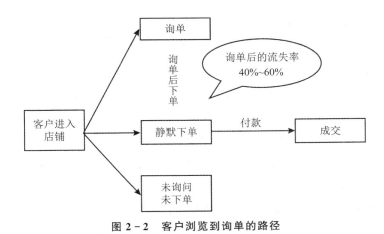

图 2-2　客户浏览到询单的路径

2.1.1　快速了解客户

客户的识别,也就是了解客户。在传统的导购行业中,可以简单称为察言观色。也就是说,售前客服需要通过客户暴露出的一些数据特征,来有效判断客户的购买意图、商品喜好、沟通特点等,从而增加成交的可能性。

在线下导购中,导购人员一般从客户的穿着、语气、神态等各种方面来判断客户的购买意图;但是在网店售前服务中,售前客服很难通过视觉、语言等沟通方式来获取这些客户的信息,而主要通过阿里旺旺(以下简称"旺旺")这个即时通信工具进行沟通。线上沟通通常反馈的信息量较少,对有效识别客户造成很大的障碍。

那么,售前客服应该如何进行高效的客户识别呢? 一般来说,可以通过以下两种方式:一是利用客户数据,二是利用文本信息特征。

售前客服在与顾客沟通的时候,最重要且获取成本最低的数据就是旺旺工作台右侧展现的会员信息。最基础的数据来源于卖家版旺旺的会员信息,如图 2-3 所示,其中的每一项信息都能为售前客服提供相应的判断依据。

图 2-3　旺旺右侧的客户基础信息

(1)注册时间:注册时间反映了该客户接触淘宝的时间。

(2)上次登录:客户上次登录旺旺的时间,注册时间和上次登录的时间,反映出一个客户使用旺旺的活跃度。

(3)买家信誉:买家信誉是使用支付宝成功交易一次,对交易对象进行一次信用评价后获取的分数对应的信用标识。其约等于客户在淘宝平台上的购买频次,信用等级越高,购买频次越高。

上述三个维度针对客户全站的相关数据,反映了某一个客户在淘宝全站的潜在消费能力。具有高消费潜力的客户,售前客服需要格外重视,尽量转化在本店消费。表 2-1为四种买家类型的特点与相应对策。

表 2 - 1　四种买家类型的特点与相应对策

类型	特点	对策
买家信用低,注册时间短	此用户为新客户,可能对平台操作不熟悉,对价格不敏感	耐心地面对千奇百怪的不熟悉平台操作的问题,将购买流程发给客户
买家信用低,注册时间长	缺乏安全感,经济条件不好,砍价厉害	强调正品、强调售后;保持联系,保持距离,防止被砍价,不要主动给优惠
注册时间长,买家信用高	老客户,对淘宝很熟悉,看评价只看中差评、追评,成熟的买家,熟悉规则,追求性价比,理性	讲理,利用其成熟心理:"亲,可能的话,你两个都买回去比一下就知道了"
注册时间短,买家信用高	冲动购物型客户,马甲型客户	意向不等于需求,意向是需求的物质载体,需求是更深层次的心理表现

除去旺旺本身能反映客户全站消费能力的基础数据外,客户在店铺内的会员数据也是对客户倾向的重要判定依据,尤其是针对老客户。老客户的购物倾向更加便于判断,更加精细化。其主要包括以下数据,如图 2 - 4 所示。

图 2 - 4　旺旺卖家版中的顾客标签信息

由于交易记录等信息包含了之前购买的商品信息,更有利于售前客服对顾客进行商品推荐、关联推荐以及重复购买时机的推断等,有利于提升客户的转化率或客单价。在客户识别过程中,相对有章可循,即什么样的数据,可以对应什么样的人。而通过聊天的文本来进行识别,是一种感性的识别过程。与现实生活中和人进行当面沟通一样,文本等同于语言,每个人在聊天的风格中,能够体现出其本身的一些特质。如图 2-5 所示,与一个爽快型的客户沟通,可以感受到客户的特征明显是"不纠结""友好",从另一个侧面也可以反映出客户当前的精神状态是比较愉悦的。在这种情况下,客服可以跟客户进行进一步的沟通,来加强客户与店铺的黏性,为客户的复购打下基础。

如图 2-6 所示的这个客户则完全不同,其对价格的考量非常细致,说明这是一个价格敏感型客户。实际上,并不能简单将价格敏感型客户定义为低价值客户,因为其需求很明确,只要商品匹配,并给予很好的价格支撑,那么复购率反而比其他没有任何特征的客户更加可靠。

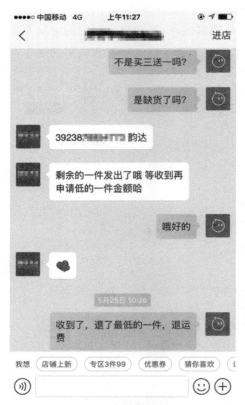

图 2-5 爽快型客户的聊天信息

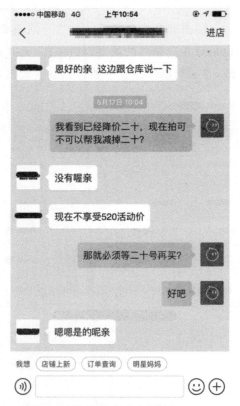

图 2-6 价格敏感型客户的聊天记录

对于一般商家来说,这些方法已经足够,能够具备这种程度的客户识别能力,相信在服务水平上会有较大突破。不过,对于客户的识别来说,还可以做到更好,因为仅仅从数据层面或者相对感性模糊的客户画像,没有办法支撑更细、更精准的客户体验规划,比如根据客户的职业来制定一些更加深度化的体验规划等。那么,客户的这些数据从哪里能得到呢?这就需要我们更加有效地利用订单数据。

首先,我们需要理解订单中包含的数据。订单中的客户相关数据是极其丰富的,包括客户行为、商品信息、基础信息等,这些类别的数据如图 2-7 所示。

客户行为	商品信息	基础信息
下单时间	商品喜好	地址
付款时间	商品价格	电话
客户留言		支付宝账户

图 2-7 订单中包含的客户相关数据

(1)名字。客户的名字是一种识别客户性别的低成本方式。

(2)客户留言。通常客户留言中备注的主要内容是快递方式,说明客户对于发货速度的需求是比较高的。

(3)下单时间和付款时间。如果下单时间与付款时间的间隔比较短,说明客户购物不纠结。匹配客户的聊天过程,我们可以将客户定义为"爽快型"和"纠结型"两种。如果是隔天才付款的客户,那么纠结程度更高,属于深思熟虑型。

(4)地址。地址是客户画像中能够有效反馈职业方向的关键信息,客户的地址能快速地反映出他的职业方向。通常,上班族习惯于将上班地址作为收货地址,通过一些字词的识别,如政府、学校、某某大厦,再结合百度等搜索引擎,我们可以快速定位客户的职业方向,而职业方向也从侧面反映出客户的收入层次,让客户画像更加立体化。

(5)支付宝账户。支付宝账户实际上是获取客户邮箱的重要渠道,因为支付宝账户通常会用手机或邮箱进行设定,而邮箱中潜在的信息更多,如果客户使用的是 QQ 邮箱,那么邮箱中则包含客户的 QQ 号码,这样就为与客户的深度沟通提供了数据支持。

我们可以通过开拓性的思维,利用订单信息将客户的画像完整地呈现出来。在客户体验的过程中,我们需要基于客户画像,确定客户真正想要的是什么,找到让客户感动的瞬间,这就是客户体验计划的逻辑。

其实,在客服做好客户识别工作之后,客户的基本画像就有了,这时在客服服务环节给客户带来惊喜是很简单的。比如针对一位姓李的女性客户,我们在服务的过

程中,可将欢迎语修改为"尊敬的李女士,感谢您再次来本店铺购物"。简单的用语调整,客户在收到应答的时候是非常惊讶且倍感周到的。而同样地,当我们知道客户之前在本店铺已经购买过什么风格的衣服,在客户进行咨询时,有针对性地进行服饰推荐,如将用语改为"李女士,小店新到一款有蕾丝元素的裙子,我发送给您一个链接看一下,该款裙子作为会员刚好能够享受 8 折优惠,您看是否喜欢",这样也能有效提升客户体验。

总之,在客户识别之后,将客户的沟通转变为与原来面对面沟通一样的模式,变成朋友式的热情沟通,服务人员由客服转变为顾问,而不是机械式地服务应答,这样老客的询单转化率才能大幅提升。在客户识别之后,顾问式的客户服务是对客服人员除了标准化和流程化的服务之外,为提升客户体验所提出的更高要求,而伴随着顾问式服务,客户满意度则会大幅度提升。对每一个顾问来说,我们需要培养的基本能力就是客户的识别能力,只有知己知彼,才能提供更好的服务。

2.1.2　售前询单体验

通过宝贝的标题和页面的优化,在视觉环节中,可以做到第一步的感官体验,提高客户的静默下单率和询单率。接下来就到了咨询环节,客服作为直接跟客户沟通最紧密的人员,承担了非常重要的体验建设任务。

在电商行业各个类目中,由客服引导最终产生销售的比重平均超过 50%,而部分类目如旅游、机票、家具等,客服的销售占比超过了 75%,占据了大多数的店内销售额。所以在浏览并进入询单环节之后,客服的作用不可估量。客户满意度越高,最终促成交易的可能性越大。所以,在这个环节中,我们需要给客户提供良好的体验,以期达到较高的客户满意度。

然而客服的询单转化率实际上并不乐观,从行业数据来看,即使在传统大类目中,平均询单转化率依然是 40%～60%,也就是说在这个环节,客户体验有很大的提升空间,如果能提升 10% 的询单转化率,店铺就会有 5% 左右的销售额的提升。

那么,客服的提升从何处开始?如何能有效提升客服的服务?通常对于没有经历过专业客服培训的店铺来说,其对客服的认知就是聊天以及商品介绍而已。实际上,店铺中只有客服能跟客户近距离沟通,客服对客户的本次转化以及购物评价,甚至对未来的二次回购和传播,都有着至关重要的作用。

例如,某顾客在店铺中浏览,发现了中意的商品,之后跟客服进行沟通。为他服务的客服是店铺的一个老客服,服务周到,解答详细热情,顾客最终决定购买,但是由于支付方式的问题,顾客在当天没有办法完成支付。第二天,当他准备来付款的时候,又

跟客服进行沟通,结果由于换班,一个新客服接待了他,几句话之后,顾客觉得答非所问,愤然离去,最终订单流失。

通常来说,店铺是经不起这样的消耗的。一个管理不善的店铺,店主往往会把问题归结于客服不专业等方面。但实质上,这是一个管理性的问题,一个店铺或公司要批量培养出具备较强沟通能力、能够给客户创造良好体验的客服,那么首先要做到服务的一致化,或者说是小组的一致化。

这种高效、标准化的客户服务流程,能让店铺体现出服务的专业性,让顾客感受到标准化的服务。从客户角度出发,经过不断的验证和优化,并根据客户的行为所制定的标准化售前客服流程如图 2-8 所示。

对于任何店铺来说,一个客服将服务做好简单,所有客服将服务做好很难;一天服务好容易,每天服务好很难。而流程有助于初上岗的客服得到有效锻炼,快速地成长为一个具有一定专业度的客服。一个完善的服务流程,是从客户的角度出发考虑应对方案,对客户的每一类询问,都要有应对的方案,建立各种客户情景的应对表格,在该表格中,罗列出所有可能出现的客户场景,然后对客服人员提出相应的应对要求(见表 2-2)。

图 2-8 售前客服流程

表 2 - 2 客户情景应答

客户情景	客服回应
询问客户需求后无应答	5 分钟后再次询问客户需求
觉得价格太贵未下单	推送店铺活动信息以及优惠券、包邮、多件优惠等优惠政策
活动告知未下单	15 分钟后询问客户是否对活动不够清晰
下单后未付款	15 分钟后跟进催单
缺货未下单	记录客户详细信息,以备后续跟进,并致谢
商品存在疑惑不下单	以专家心态为客户解答
犹豫不决,表示再考虑	记录客户信息,30 分钟后跟进,如有活动告知活动期限,督促下单

对客户接待流程的梳理,能使每个客户接入的价值达到最大化,为店铺客户的二次回购打好基础。每个店铺都应该基于自己的品牌特点、客户询单特点,来制定自己店铺的客户服务流程。

2.1.3 谁是重要的人

进行客户识别之后,在售前环节中虽然已经建立了标准化的服务流程、针对性的客户场景应答,但是在实际沟通过程中,由于很多客观原因,并不能有效地服务好每一个客户。由于售前客服提供的是一对多的服务,在一些大促活动时甚至出现同时服务十几个或几十个客户的情况。在一些比较大型的店铺中,平均每个客服每天需要服务近 200 人,这种工作强度是非常大的。在这种高强度的工作中,客服要对每一个顾客进行细致服务,那么响应时间就不能得到保障,从而影响客户体验。从客户角度来讲,这是很糟糕的事情。那么怎样能够解决客户心理期待的回复时间和客服实际回复时间之间的矛盾呢?

这需要客服在服务过程中,遵循四个“更加关注”,以防止重点客户由于响应缓慢问题而流失。

1. 更加关注刚刚接入的顾客

当一个新顾客进入店铺时,其对响应的期望是最高的,那么,对于刚接入店铺的顾客,首次响应的时间一定要短,确保“首次响应时间”。很多店铺对首次接入顾客的应答方式是自动回复,虽然自动应答对满足首次响应时间很有效,但它不是最好的方式。对于刚接触网购的顾客来说,由于首次自动响应过快,顾客认为客服已经在回复,对其充满期待,而如果后续响应过慢,则会导致顾客有更大的心理落差,进而产生反感。而对网购的老顾客来说,他们能够识别什么样的回复是自动回复,那么自动回复的意义

也不大,所以要慎用首问自动回复形式。如果要用,内容最好是相对保守的。如图2-9所示,××网店客服的首次接入回复就是引导顾客先领券,以及查看自主购物指南,对于首次接入的客户,这样的考虑还是比较周全的。

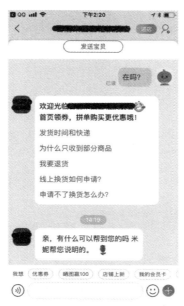

图 2 - 9 ××网店客服的首次响应回复

在这个首问自动回复中,实际上首次回复已经是在顾客问"在吗"1分钟之后了,但是因为自动回复的内容比较友好,客户可以先领券、查看购物指南等,整体的体验还是比较好的。

2. 更加关注发言频率较高的顾客

发言频率较高的顾客,往往性格比较急躁,尤其是当客服应答后在 5 秒内回复的顾客,说明该顾客在很专心地跟客服聊天。顾客心理上是希望客服能及时回复自己的提问,对响应时间的期望很高,需要客服更加关注响应速度。在服务过程中,我们并不需要把时间计算得很精准,但是客服养成这种敏锐的观察习惯,对客户体验的提升是很有好处的。每个人都有期望被关注的心理需求,当这种需求不能被超过预期满足,甚至不能被基本满足的时候,客户体验就非常失败。

如图 2-10 所示的顾客,就属于高频应答顾客,顾客在咨询过程中基本上使用的是长句,说明顾客打字速度很快,在应答过程中,问话也比较密集。面对这种类型的顾客时,客服一旦应答较慢,顾客就会产生反感,留下不好的印象。

图 2 - 10　客户对于应答缓慢表示不满

3. 更加关注重复购买的老顾客

根据前面所讲的顾客识别技巧,售前客服应做到有效识别老顾客,由于老顾客代表了成交可能性更高、客单价较高,所以需要更加关注。

但是老顾客的咨询有时候给店铺带来的不是机会而是风险,尤其是对会员特权已有一定认识的老顾客。这个时候他们对于体验的期望值会高于一般顾客,如果这些期望值不被事先发现并且满足,那么他们面临的就是失望。

🔄 **案例 2 - 1**

顾客:买三件,寄到不同的地方,能包邮吗?

客服:亲,这个不能包邮哦,如果是一个地址可以包邮。

顾客:啊? 不是吧?

客服:是的呢,亲。

顾客:不会哦,我都是老顾客了。

客服:亲,三个地址真的不能包邮,不好意思哦。

顾客:买了好多次了,家里一堆衣服都是从你家买的。

客服:不议价的哦,亲。

店铺的 VIP 顾客,一开始便抛出了包邮的条件,而这个时候,客服生硬的回答往往容易触怒顾客,让一个老顾客流失。当顾客认为理所当然时,客服却不以为然,这样就很难打造超出顾客期望的体验。在这种情况下,客服一般应启动应急方案,比如通过变通的方式满足顾客的需求,如送顾客一个小赠品以满足其优越感等,客服婉转的表达是至关重要的。

4. 更加关注标签客户

标签客户来源于客服的人工备注或者 CRM 标签系统标示,客服需善用该功能,用于标示其需要重点服务的顾客,如星标、客服插件的备注、客户标签等(见图2-11),其中包含的信息很丰富:成交意向强烈、下单未付款、观望犹豫需跟进等情况。向所有客服传达顾客的状况,这样在客户服务过程中,客服不容易遗忘这个环节。

图 2-11　卖家版旺旺的星标客户

另外,由于店铺的日常流量不固定,如日常营运期、促销时期、淡旺季等,售前客服的接待压力也有所不同,店铺要根据实际的接待情况,对服务流程进行调整,让总体接入客户的价值实现最大化。

2.1.4 别让煮熟的鸭子飞走

🔄 案例 2 - 2

顾客:请问这个叶酸胶囊适合什么人群啊?

客服:都可以吃呀,适用人群挺广泛的。

顾客:我听说叶酸是适合孕妇吃的。

客服:孕妇都能吃的东西安全级别肯定是高的,服用叶酸能有效降低神经管畸形胎儿的出生率,还能用来治序女性贫血。

顾客:谢谢你,我再看看店里其他的产品。

客服:当然,我们的叶酸产品对于孕妇姐妹来说是更合适的。我是这里的值班营养师,介绍产品并不是我的强项,但是回答营养方面的问题是我的强项,您有什么疑问都可以找我哦!

顾客:真的吗?如果已经怀孕 37 天能吃你们的叶酸吗?

客服:请问以前吃过叶酸吗?还有,目前有孕吐的现象吗?

顾客:没吃过呢,现在只是有点泛酸水,倒是没吐过。

客服:每个人反应是不同的,这种难受的反应会在四个月左右时消失。

顾客:为什么好像你家的叶酸要比医院开的贵很多呢?

客服:我们的是天然叶酸,医院开的叶酸片主要成分是合成叶酸,会增加肝脏的代谢负担,所以为了孕妇的健康考虑,这一点差价应该还是很值得的哦!

顾客:嗯,有道理,那只要吃这个就可以了吗?

客服:我建议可以搭配胡萝卜素和 DHA(二十二碳六烯酸,俗称脑黄金)胶囊一起吃,前者有防辐射和解毒功能,后者对宝宝的脑部发育会有帮助。

顾客:看样子你真的很专业哦,遇到你运气真好!

客服:这是缘分呢,平时我常去社区给孕妇做营养讲座,不一定天天都会值班的,就冲这缘分,今天下单就给你包邮吧!

顾客:真的啊?你真好,我先买一套,效果好一定会再来的!

客服:好的,以后有遇到任何问题也都可以来咨询我们,希望能帮助你们生个健康、聪明的宝宝!

顾客:一言为定!

在整个沟通流程中,这位客服不断观察客户的反应,并根据她的反应做出推荐,所以才最终拿下了这个客户。每个客户的订单是"煮熟的鸭子",对店铺来说,任何时候都不允许放弃。

1. 间接满足客户的价格需求

在询单过程中,客户无论是嫌运费太贵、账户余额不足,还是希望在有优惠券的时候购买,所有的这些心理,简单说就是价格因素,也就是嫌贵。针对客户的这种心理,客服该如何处理? 当然,客服不能轻易地进行价格让步。价格让步会导致店铺的价格体系紊乱,不利于后续的销售。所以,价格让步需要讲究技巧。

(1)快递方式替换。即客服不直接给客户免邮,而是将快递替换为顺丰等速度更快的公司。客服可以通过超出客户体验的方式进行表达,比如:"亲,您好,因为本店产品微利,不能给予免邮,但为了感谢您对本店的支持,我跟店长申请,给予您 VIP 客户的同等待遇,发送顺丰速运,这样您明天就可以收到宝贝了哦。"这样做既没有做出价格让步,又做到了超越客户期望的体验。同时,这样的替换还提示了客户,店铺是存在VIP 客户这样的等级客户的,这对店铺的会员体系会有一个初步的传播。

(2)激励客户提高客单价。客服可以直接告知顾客:目前给予的优惠券需要在多选购一件产品时才能使用,或者购买满多少金额后才可以享受该折扣。另外,多种优惠也可以叠加,使客户的期望得以分散满足。比如,客户购买两件产品之后,可以享受折扣,并享受更优质的快递服务,同时还会赠送小礼品等。客户的价格需求被间接满足,并且匹配了若干种超出客户期望的体验,这样的激励策略是比较完备的。

2. 全面考虑,解决客户困难

由于很多客户是第一次网购,对支付宝的使用不熟练,导致不能付款。所以,在催付款之前,或者在客户下单之后,客服需要马上告知相对应的关怀信息,这时也是打造"超出客户期望体验"的良好时机。例如:"亲,后台已经收到您下的订单,由于库存有限,请尽快完成付款。付款建议使用支付宝,以保障您的账户安全。如果您付款过程中遇到任何问题,请与我们联系。再次感谢您选择我们的商品。"这样的交流,主要针对客户的两种行为进行覆盖:一是付款碰到困难,引导其联系客服进行协助;二是出于安全的考虑,强化采用支付宝方式付款更安全的印象。

现在,有很多工具都提供了实时催付的功能,能够在一段时间后对下单未付款的客户进行催付短信的自动发送。很多网店的做法是:在进行自动化的催付款设置之后,就不再进行客服人工催付,这种催付方式对于下单未付款的处理来说是不够的。因为自动催付本身不是一种强互动型的沟通方式,在催付这个环节上,一般应采用人工催付加自动催付。这样做的目的有两个:一是使催付方式更加立体化;二是因为售

前客服刚跟客户交流完毕,具有一定的沟通基础,催付成功率高于自动催付。

3. 自动催付目标的选择

首先是催付的手机号码的选择。大多数商家在自动催付时,选择的催付目标是收货人的手机号。但其实催付收货人并不恰当,很多客户购买商品是用来送人的,若催付收货人,那么客户体验就很差,尤其是礼品以及中老年服装,大多数顾客都是买来送人的。所以,我们应该优先催付下单人,其手机号码一般情况下是客户的支付宝绑定手机号。

其次是催付人群的选择。最常用的方法是对新老客户进行细分。这是因为从客户的角度来讲,新老客户对支付环节的熟练度、对商品的了解程度、对致谢的需求、对会员特权的期望等都是不同的。所以需要设定不同的交流用语,尽可能满足新老客户不同的期望值。

如对新客户,短信内容的设置可以是:

亲爱的×××,非常感谢您选择本店宝贝,希望您在本店的初次体验能够满意,如果支付过程遇到困难,请随时联系我们协助解决。

而对于老客户,短信文案的设置可以是:

尊贵的会员×××,非常感谢您再次选择本店宝贝,作为本店铺VIP会员,我们将在您付款后为您优先发货。

而对于很多客户群体特征比较鲜明的店铺,可以采用带有一点店铺特色或调性的催付文案。即便最终没有付款,买家也容易被有趣的文字吸引,在日常交流中可能会与朋友提起,从而在一定范围内扩大店铺的知名度。例如:"不知尊客近来可好,还记得您和我初次相遇的那一刻吗?那时的您对我一见钟情,自从那时起,我时时刻刻期待着与您相见的日子。请您将路费支付于淘宝××店铺,早日见到我。"

4. 交易关闭前的冲刺

一个客户的订单是一只煮熟的鸭子,任何时候都不能放弃。如果店铺在客户的付款冲动期,已经与其进行了一定的接触,如旺旺、电话、短信等方式,对于没有取得准确回应的客户,最好的方式就是在交易关闭前催付。对于高客单价的订单,建议采用电话催付。由于电话催付会产生较高的人工成本,所以对低客单价或订单量较大的店铺而言,在交易关闭前,建议仍采用短信自动催付方式。

无论何种情况,订单关闭前都是一个很好的文案切入点,从关怀的角度提示客户:如果不付款订单就会自动关闭,及时付款防止给客户造成重新下单的麻烦。

总之,售前如果做到了流程化、专业化的服务,就可以打败80%的对手。但是,即便做到了这一点,也并没有达到超出客户期望的目的,并不能保证让客户有较高的满意度。店铺要打造良好的客户体验,还需要在流程化、专业化服务的过程中,结合店铺的品牌文化及内涵,挖掘与客户匹配的感动点,做出与众不同的体验模式,只有这样才能在售前过程中给客户留下深刻的印象,超出客户的期望。

2.2 不以付款为终点的售中服务

2.2.1 等待中的体验

顾客付款之后,就进入了售中环节,售中环节包括商品发货、在途、签收、确认收货等。在这些环节中,很多商家跟顾客是没有接触的,因为除去顾客主动询问快递或退换货之外,在这个过程中顾客基本上不会主动跟商家沟通。而这些大多数商家都会忽视的过程,却是打造顾客体验的良好机会。正因为付款以后,服务还没有结束,这样对顾客来说才是惊喜。

顾客付款完毕之后,其实是进入了等待发货的阶段,这个时候顾客的心理需求是期望发货。目前,除去京东等平台之外,消费者比较认可的发货时间是白天下单,当日发货;晚上下单,第二天早上发货。具体的发货周期及快递公司的选择,可根据自己店铺的数据进行详细的分析。

而从顾客的角度来看,一般若隔天没有发货,顾客就会产生不耐烦的感觉,进而使用淘宝提供的提醒卖家发货的功能进行催发货,如图 2-12 所示。

图 2-12 买家提醒卖家发货页面

一旦顾客提醒后,客服才做出发货动作或给出解释的话,顾客的体验感就会比较差。因此,顾客付款后,店铺要对发货情况进行说明,提升顾客体验。

1. 预期发货

提前跟顾客说明发货的最长延迟时间,减少顾客对发货的疑虑,提前给顾客答案。比如:

亲,非常感谢您对××品牌的支持。"双十一"期间,由于发货量较大,本店最晚在3 天内将所有包裹寄出,请耐心等待。多谢您的支持!【××品牌】

2. 感恩致谢

对顾客在本店铺中的购买行为表示感谢,除去对顾客表达感谢之外,同时向顾客强调店铺字号或产品品牌,加深顾客印象。比如:

亲爱的,非常感谢您对××品牌的支持。天气炎热,请注意防暑。××品牌祝您及您的家人身体健康,事业蒸蒸日上。【××品牌】

3. 防骗提醒

在电商行业,目前诈骗现象越来越多。所以,在顾客付款后,店铺可以根据实际情况对顾客进行防骗提醒。比如:

亲,您在××品牌的订单已经成功付款,××品牌会第一时间完成对您订单的发货,近期诈骗猖獗,如遇任何问题,请联系本店在线客服确认。【××品牌】

4. 关联推荐

对于商品关联度比较高的店铺来说,顾客付款之后,店铺可以借"同一包裹,合并发货,不另外收取快递费"的说辞向顾客推送关联商品,以此来提高客单价。比如:

亲,感谢您选购本店铺的××防晒霜,我们会尽快给您发货,推荐您同时选购本店的××乳液,与××防晒霜一起使用效果更佳。现在购买可合并发货,免快递费,欢迎选购。【××品牌】

2.2.2 包裹在途,不忘体验

从发货开始到顾客签收,如何搭建好的顾客体验?这对所有店铺来说,都是一个值得深思的议题。

1. 选择最合适的快递公司

一家网店要对自己合作的物流公司有准确的了解,尤其是发单量大的商家一般都有多家合作物流公司,而对每个包裹的物流选择,也是一个比较关键的问题,它涉及顾客体验、成本等。通常,成熟的网店在选择物流公司的时候,会考虑以下四个因素:

(1) 快递是否可送达;

(2) 快递价格;

(3) 送达速度;

(4) 平均包裹重量。

一般来说,多数网店会对这四个因素进行综合考量,不过对价格因素的考虑可能会高于其他因素,但是过高考虑价格因素,往往会影响顾客体验。针对快递公司的选择,每家店铺应该精细化地对每个省份进行选择。

2. 在发货过程中与顾客互动

在完成发货之后,网店要第一时间通过短信的方式告知顾客,满足顾客付款后对宝贝的关注与期望。告知内容一般包括发货时间、物流公司、物流单号等,顾客可以通过这些信息随时查询自己的包裹在途状态,提升顾客体验。比如:

亲爱的××,您的宝贝已被申通镖局带走,如半途不出土匪,2~3天能送到您手中,镖号为××××。【××旗舰店】

当顾客收到发货短信之后,可通过淘宝手机客户端进行物流查询,如图 2-13 所示。

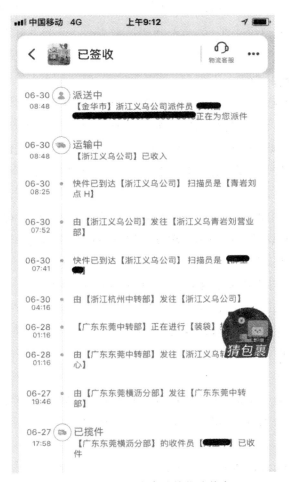

图 2-13　手机客户端的物流信息

在发货完毕后,包裹便进入了2~3天的在途期,当包裹到达顾客所在地时,顾客会产生期待感,尤其是高价值物品或急需品,顾客对商品在途状况是比较担忧的,所以

期盼程度很高。因此,商品在途期间也是店铺给顾客关怀的很好时机。当然,最密切的沟通方式是每当物流信息有更新时便通知顾客,但是这种方式的沟通成本过高,因此一般通过到达同城的提醒来给顾客做签收前的关怀体验。

3. 临门关怀

包裹到达同城后,可能会因为一些原因,如收件人联系不上、收件人不在家等,使得快递员将包裹带回中转站而成为疑难件,需要二次派送。而包裹一旦成为疑难件,顾客在查询物流信息后便会更加着急。因此,包裹到达同城后,对顾客进行提醒至关重要。比如:

亲爱的会员×××,您的包裹由顺丰发出,目前已到达××城市,单号为××××,包裹很快将派送到您手中,请注意保持手机畅通,防止延误包裹签收。【××旗舰店】

4. 问题件的提前发现

如果包裹在物流运输过程中出现超区、超时、退回等情况,那么,包裹可能会被延误至十几天、几十天之后。这些问题件如果没有任何体验措施的介入,极有可能会引发差评、投诉等。因此,要做好顾客体验就要将可能出现的问题扼杀在"摇篮"里,出了问题没关系,重要的是让顾客感受到,我们一直在帮助顾客处理问题,这就是超越期望的客户体验。

要避免问题件的发生,最重要的是做好物流跟踪,即根据快递公司提供的物流流转信息,一旦发现有售后隐患的物流单立即进行事前处理,防止事态恶化。

通常,以下几种情况可能会引发物流事故:

(1)发货后,超过常规需要送达的时间,顾客尚未签收;

(2)交易已经确认收货,顾客尚未签收;

(3)交易马上要确认收货,顾客尚未签收;

(4)出现疑难件;

(5)出现超区件。

如图 2-14 所示,店铺需要能够对出现问题的订单进行有效判定,在出现以上情况时,如果没有及时跟顾客沟通,顾客负面情绪会很严重,进而引发差评甚至投诉。

如图 2-15 所示,物流跟踪的处理需要遵循一定的流程,每天出现的问题件数量并不多,店铺可以安排售中或售后人员统一处理。主动跟顾客沟通问题件,能够降低顾客等待的焦躁感,更能因此加深顾客对店铺或品牌的印象,建立良好的体验。

图 2 - 14　物流异常订单

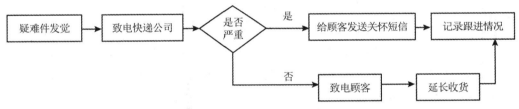

图 2 - 15　疑难件的处理流程

2.2.3　开箱有惊喜

经过几天的流转,包裹最终到了客户手中。包裹签收作为客户跟店铺长期远程沟通的结果,对顾客体验的打造有着很重要的作用。

在签收环节,顾客首先关注的是包裹是否有破损及产品质量问题,所以第一步是拆包裹。对店铺来说,首先要保证产品完好无损地呈现在顾客手中,然后是产品给予顾客的惊喜,最后是关注产品如果出现质量问题,该如何处理以提升客户体验。

1. 完好无损的包裹

对于包裹,最基本的要求是完整。很多商家在这个环节已经给予了特别的关注,比如化妆品、母婴等行业。

包裹是对顾客传递 CRM 信息的关键载体,其中包含了包裹外观、夹带品等元素。很多商家往往为了节约少量的成本,忽视了包裹所传递的内容。而许多 CRM 理念超前、追求极致体验的商家,对包裹的要求远远不限于包裹的完整性,其中的夹带赠品,就是商家提升顾客体验的一种方式。比如,"三只松鼠"送的坚果钳、湿纸巾等,商家已经预先模拟了顾客在消耗或使用商品过程中的需求,并提前给予满足。

2. 个性化包裹

个性化包裹是基于客户特征而产生的,即选择能快速让客户产生关联的客户特征,如性别、年龄、生日、会员等级等。个性化包裹的实施较为容易,即在采集顾客基础信息之后,通过 CRM 工具建立对应的自动备注服务,为特殊的人群所拍下的订单备注特殊的标识,随后仓库打包人员跟踪订单备注,对其做特殊的打包处理并发货。例如,××护肤品店铺为会员派送生日特殊礼品,会员顾客在收到礼品后,对该品牌的忠诚度会大幅度提升。

3. 签收后的行动体验

包裹签收是客户产品体验期的开始,在使用产品的过程中会出现产品有瑕疵、客户不会使用等问题,一旦出现这样的问题,就会影响客户体验。一个对网购平台比较熟悉的客户的第一反应是给中、差评,在网购平台上宣泄自己的不满情绪。

鉴于此,在产品签收完之后,店铺需要跟顾客做一个互动,打造产品的行动体验,引导顾客产生对应行动。很多店铺对包裹签收后的行为引导是空白的,并认为这个阶段通过包裹传递就可以了,如包裹中的夹带品:售后服务流程、产品使用手册等。这种被动式的方式,效果是比较差的,很多售后服务卡制作泛滥,形同虚设。所以,在行动指引上,店铺应该选择主动出击,签收关怀短信是完成这项工作的最好载体。

(1)引导好评

在客户签收之后,店铺马上进行短信关怀,引导客户进行好评。例如:

小店收到飞鸽传书,您的宝贝已经安全抵达。您在穿着过程中如有任何疑问,请直接联系我们的在线客服,我们将妥善为您处理。如无问题,求赏5分好评。【××旗舰店】

(2)对顾客的产品使用进行引导

某些产品在体验过程中,可能会因为顾客使用不当或者是对产品的不了解,致使顾客产生抱怨。例如:

商品:野生榛子。

差评:榛子壳很硬,吃完这一斤,我的牙都快掉了,为了增加重量多收邮费,还往

箱里塞了一块破铁。

解释：您细看那块铁，中间是否有个螺丝；再往下看，是不是中间有条缝；沿着这个缝用力分开，这块铁就是给您夹榛子壳用的特制钳子！

在该案例中，顾客不了解商家的良苦用心，反而有了不好的购物体验。所以，在签收关怀中，我们可以通过有效的产品使用引导，来规避这样的问题发生，提升顾客满意度。例如：

亲，快递显示您的包裹已签收，请注意面膜一周敷 3～4 次，先放粉再滴入水调至糊状，敷 15～20 分钟。面膜含薄荷醇清凉因子，敷时请避开眼部周围哦。【××旗舰店】

4. 确认收货，交易成功，会员变迁

确认收货关系到会员的变迁，通常是在确认收货即交易成功后，进行会员等级核算并进行升迁。所以，确认收货是会员体系中很重要的一个环节。在这个环节中，需要为店铺的会员，尤其是店铺的新会员，建立基础的会员意识。

按照客户淘宝平台的约定，当客户有一次成功交易之后，就会成为本店铺的会员，享受店铺约定的会员权益。如果客户满足了高级会员、VIP 会员、至尊 VIP 会员的升级规则之后，还会在确认收货之后，升级到对应等级。而针对升级，客户往往对其信息感知度太弱，因此，商家可对客户进行升级提醒，来增强客户的关系体验，使会员关系成为连接品牌和客户的关系渠道。

升级提醒内容，需要体现以下几个方面：会员政策、会员等级说明、恭喜话术等。通过这几个方面，店铺对顾客完成购物表示感谢，同时，对会员政策进行传达，通过会员政策更好地绑定会员，激励会员产生回购行为。例如：

恭喜您成为本店会员，下次购物可享折上 9.8 折优惠。关注微博及微淘号"××旗舰"店铺实时资讯尽掌握，还可获取 10 元购物优惠券。【××旗舰店】

2.3　售后保障，复购无忧

顾客签收完毕，拿到产品，便进入了产品的使用体验期，也就是售后时期。在售后时期，顾客可以进行评价、退换货、投诉维权、分享等。对于客户关系管理来说，顾客的二次回购和分享行为，也刚刚开始。所以，售后阶段的良好体验会激励顾客产生二次回购和分享行为，为商家带来更大的价值。

2.3.1 一个月的蜜月期

在客户关系管理过程中,通常将顾客交易成功之后的一个月称为蜜月期。在此期间,顾客可能会评价、退换货、投诉维权、分享、二次购买等,在此过程中,各网店也要积极打造良好的客户体验。

1. 迅速处理售后问题

网店售后的一项关键性工作就是处理中差评,一般通过电话联系给中差评的顾客,通过各种沟通手段来促使顾客将中差评修改为好评。如果不是差评师,那么顾客给中差评一般都是事出有因的,比如商品质量不好、服务态度差、快递没有按时送达等问题。这时,我们需要站在顾客的角度,理解其并不是给一个中差评就可以化解心中的不满,其潜在的心理需求需要被关注并解决。如果能够第一时间解决,那么对中差评的处理难度就会降低很多。比如:

质量问题:满足买家的要求,退货、换货、补差价;

快递问题:告知原因,另寻补偿方式;

服务问题:真诚道歉,提升自身的服务水准;

无理由:以朋友的身份跟顾客聊天,得到顾客的信赖,和其成为朋友。

🔄 **案例 2 - 3(电话沟通)**

客服:您好,我是××旗舰店的客服悠悠。

顾客:你好。

客服:早上打开页面,发现您的一个差评,想问问是什么原因。

顾客:没有原因。

客服:哦,这样啊。唉,今天早上起来右眼就跳,都说右眼跳祸,结果出门挤地铁脚崴了,一瘸一拐走到公司,其实我今天心情很差,想找个人聊聊天,你能陪我聊下吗?

顾客:你心情再差能有我差吗?

客服:亲,你怎么了? 你也心情不好吗?

顾客:女朋友跟我分手了。

客服:哦,你还喜欢她是吗?

顾客:是啊,但是她要跟我分手。

客服:你没问问什么原因吗?

顾客:她说没有原因。

客服:那你最近有没有感觉到她有什么不对劲?

顾客:没有,我很粗心。 不过,现在想想她最近好像心情不大好。

客服：哎呀，这就是你不对了，男孩子要细心一点。你们的感情基础如果还不错的话，建议你QQ或者微信问问她最近怎么了，关心一下她。

顾客：她不理我怎么办？

客服：你先不要谈你们的感情，就问问她最近怎么了？看看她能不能跟你说说。

顾客：嗯，好的。但如果她不说呢？

客服：我觉得你们如果感情基础比较好的话，她会说，除非她一直都没喜欢过你，那你问了也没用。

顾客：那如果她能跟我说的话，就表示我还有希望？

客服：是的。

顾客：那我现在就给她打电话，谢谢你。

客服：不用谢，那能不能把你的差评修改一下啊？能不能让我的心情也好一点？

顾客：好的，我马上改成好评。

客服：谢谢，有什么问题你随时给我打电话，祝你好运。

在这个案例中，顾客心情不好，给了无理由的差评。该客服通过不断探寻，找出了顾客的症结所在，帮助顾客解决了内心的疑问，得到了顾客的信赖，将差评改为好评。

对于其他的售后问题也一样，客服必须遵循第一时间原则，越快速处理就越容易处理。

2. 体验期的关怀式营销

对于不同店铺或商品来说，客户蜜月期的长度是不同的，因为客户的生命周期和产品的消耗周期各不相同，尽管如此，蜜月期的关怀和营销模式仍大致相同。

在售后过程中，开展针对店铺新顾客的二次转化工作显得十分重要。一个网店，如果能够解决顾客二次转化的问题，那么回购率就会有大幅度的飞跃。通过对购物过程的体验的打造，建立店铺和品牌的印象，后续再通过产品传递更进一步的信息，引导顾客二次购物。

建议在签收完成之后，店铺对产品的相关信息进行对应的推送。在前期的购物流程中，有些店铺已经通过短信等方式进行了部分产品使用小贴士的推送，但是由于短信的信息量较少，不能很全面地为顾客传递对应的内容，所以在产品的体验期，建议通过电子邮件营销（EDM）对产品的使用帮助等内容进行推送。

体验期的邮件内容可以包括产品使用帮助、产品关联推荐、引导收藏、会员政策、近期活动预热等。

EDM方式相对于短信这种即时送达的方式来说，其作用周期会比较长。所以，

在后续的监控中,一般需要延迟3～5天监控,而对于没有打开邮件阅读的顾客,也需要通过短信进行二次通知,告知邮件已经发送到邮箱,从而提高邮件的阅读率。邮件虽然从渠道成本上来说比短信便宜,但是由于内容规划比较复杂,需要美工等人员进行配合,所以,每一次的EDM的内容都应做详尽规划,使效益最大化。

在蜜月期即将结束的时候,店铺进行了大量的关怀操作,最终是要激励顾客为店铺产生价值。通常,在距离蜜月期结束一周左右时,店铺开始实施软性营销,其方式一般有两种:一是定向优惠(即部分顾客专享的商品和价格);二是优惠券的定向推送。对蜜月期顾客的激励方式,首先需要的是定向处理,放大顾客的权益感和尊贵感,专属性更加能够激励其复购。例如:

亲,明天就是中秋节了,悠悠祝您中秋节团团圆圆、阖家欢乐! 这里也要提醒亲,您淘宝账号还有100元的优惠券尚未使用,使用期限截至9月20日,亲,抓紧使用哦! 祝您中秋愉快!【××旗舰店】

蜜月期的关怀式营销需要常态化,每个店铺在蜜月期都可以从客户期望或需求的角度,替客户进行考虑,打造良好的客户体验,让CRM给店铺和客户带来双赢的局面。

2.3.2　圈子的力量

互联网时代,圈子的力量是不容小觑的。想做到对新客的吸引,就应该利用互联网时代下圈子的力量。热点在几个小时甚至几分钟内就能快速形成,积累大量的人气。而品牌也是一样,谁掌握了圈子,谁就站在了营销的上游,能够快速推动品牌的成长。

任何体验建设的最终目的都是产生价值,即通过良好的体验建设,让顾客产生回购或带动新顾客,如图2-16所示。然而,好的体验是建立在超过顾客原有期望的基础上的,所以对于圈子的传播来说,首先要解决的是如何取得顾客好评。

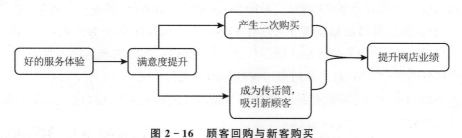

图 2-16　顾客回购与新客购买

1. 事前保守宣传,控制客户期望

事前宣传,是指在顾客进行体验感受之前,告知顾客在服务过程中将拥有的感受的宣传过程。在这个过程中,最关键的要素是树立顾客的期望值。在网店运营过程中,事前宣传通常是通过店铺的视觉展示、宝贝详情描述等,让顾客初步了解商品和服务。但是,在事前宣传中,很多网店因过度宣传、过度承诺等,导致在退款中一项占比比较大的原因是产品描述不符。所以,我们讲究宣传要发八分力。任何服务过程,在实际实施时都有可能存在一定的失误和瑕疵,所以我们需给执行预留一定的空间。这样,我们在服务的过程中,就比较容易超出期望地满足顾客需求。

2. 事后包装传播,放大体验价值

当网店相对地控制了顾客的期望之后,网店更容易超出顾客期望地提供服务,那么,给顾客的惊喜感会对二次回购有很大的帮助。然而,好的顾客体验的价值远不止于此,如果能进一步利用顾客的圈子,那么顾客就会成为一台发动机,为店铺提供更多的生产力。这就需要在购物之后,激励顾客进行分享,如图 2－17 所示。

图 2－17　网店引导顾客分享的逻辑

这样的运营逻辑对网店来说极其重要,如"三只松鼠"在宣传的过程中,并没有展示自己提供的全部服务,其在商品的描述页面中展示了产品包装、快递箱包装、生产和物流的包装等体验内容。但其实,其能够提供给顾客的实际上更多,包括果壳袋、擦手纸巾等,而这些并没有在页面中罗列出来。究其原因:一是本身体验宣传的目的已经达到,不需要更多的内容来宣传了;二是在顾客收到产品之后,其感受到的体验是高于页面描述的,即超出顾客期望,给顾客带来惊喜,也让顾客有分享的冲动,最终引导大量的新顾客到店购买。

利用圈子,本质上是利用顾客所在的网络社区,让其将在本店铺感受到的体验内容传递到其所在的社群中。目前,主要的方式有店内商品评价、微博分享、微信朋友圈分享等。其中,商品评价主要在商品的详情页内被消费者看到,产生分享价值,是一种隐性圈子;而微博分享、微信朋友圈分享等,则是一种内部圈子的分享,其效果更好。常规的分享引导模式如图 2－18 所示。

从图 2－18 来看,分享的价值很高,但是对网店来说,引导顾客"秀体验"是很关键的环节。引导秀体验的关键是找到"爱秀"的人,找到可能分享的关键环节,采用有效的沟通引导方式,将对顾客有吸引力的激励方式传递出去,这样就可以产生更多的分享机会(见图 2－19)。

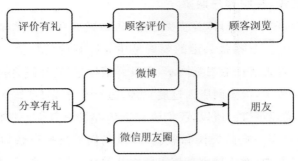

图 2 - 18　常规的分享引导模式

图 2 - 19　秀体验

实际上,整个引导顾客"秀体验"的过程是跟顾客的蜜月期关怀紧密结合的。在顾客的蜜月期关怀中,我们通常会通过优惠券的方式进行激励回购。但是在一定的时间内,顾客的优惠券可能仍然没有被使用,通常我们会在优惠券快要到期的时候,提示顾客进行使用。不过基于分享的考虑,将转赠的引导加入优惠券的到期提醒中,能够将优惠券的价值最大化。例如:

亲,您持有的本店大额现金券在 3 天后就要到期了,请速速使用哦,如果您的朋友需要,也可送给您的朋友,给他(她)一份爱的礼物。转赠可以在您的淘宝后台"我的优惠"信息中进行哦。

　　需要注意的是,任何分享都是建立在好的体验基础上的。体验是分享的基础,"好事不出门,坏事传千里",负面信息更加容易被传播。所以,好的体验是重中之重,在好的体验基础上再来激励分享,才能够有效地利用圈子。

　　随着市场和消费者习惯的不断成熟,顾客已经不仅仅关注商品本身,而是开始重视商品背后的服务。在以消费者为中心的运营模式中,网店需要将顾客的需求进行高度的发掘和满足,将商品和商品背后的无形部分都展现给顾客,形成良好的顾客体验,打造良好的网店 CRM 体系。

第三章

攻心客户——把客户当成恋人

3.1　让客户感到好奇

3.1.1　让客户体验一把，比你口吐莲花更管用

俗话说："耳听为虚，眼见为实。"要想让客户信服，单纯地向客户描述产品就显得苍白无力了，客服还要调动客户的各个感官，比如视觉、听觉、味觉、触觉等，让客户充分感受到自己拥有产品之后的体验，最终下定决心购买。

在销售业界有这样一句富有哲理的话："若要客户对你推销的产品产生兴趣，就必须使他们清楚地意识到，他们在接受你所推销的产品以后会得到好处。"

陈述一件事与证明一件事是不能画等号的，如果你的客户不相信产品的功效，那么"演示"就是向客户证明产品好处的最佳方法。熟练地演示你的产品能够吸引客户的注意力，并使其对产品直接产生兴趣。

网上购物发展迅猛，现在很多商家在产品的主页上放置产品演示视频，客户在浏览时能更加直观地看到产品的特点，这种视频演示大大提高了产品的点击率。

1. 演示相当于如山的铁证

一般而言，客户对一些大件商品尤其是不熟悉的商品，在没有得到证实之前，是不会仅凭客服的口头介绍就相信商品质量的。此时，演示就成了客服打动客户、说服客户购买最有力的铁证。

 案例 3 - 1

顾客：亲，你家的婴儿床价格好像比别人高哦。

客服：是的亲，不过我家的质量是有保证的呢！

顾客：怎么能知道你家的质量好？

客服：我家的木料选的是××，您可以在网上查一下，这种木料目前是市场上比较高端的产品，它既结实又环保，宝宝用的东西，肯定要让妈妈放心，这是最重要的。

顾客：这款婴儿床好安装吗？

客服：亲，这是产品的安装视频，我家的产品安装更简单，看起来庞大的一张婴儿床，妈妈只要看一下安装方法，十分钟就能安装好了呢。不像有些婴儿床，安装复杂，爸爸安装都很费力，我们家这款宝贝安装是最方便的。

顾客：好的，我看看，要是安装真的这么简单，我就下单。

2. 演示可以很好地激发客户的兴趣

当客服结合自己的产品给客户做出演示时，不仅可以增加产品的说服力，还可以激发客户对产品的兴趣，因为好奇心是人的天性。不过，客服还需要注意演示和解说的巧妙结合。

◯ 案例 3 - 2

客服：您好，请问您需要点什么？

顾客：我想买一条丝巾。

客服：这些都是今年最流行的花样和款式，您看喜欢哪一个款式？

顾客：哦，我喜欢这款紫色的丝巾。

客服：您真有眼光，这款是卖得最火的。您可以看看这款产品的视频效果。

顾客：嗯，不错。

客服：您还可以这样打结。

顾客：嗯，这样戴真漂亮，我买一条。

这个聪明的客服，充分地利用了"演示与解说"相结合的魔力，让客户感受到丝巾带给她的美丽，并且，还教客户其他的打结方法。如果你是那位客户，也会像她一样买下那条丝巾吧？正所谓："说一百遍不如做一遍。"让客户亲身体验产品，可以使客服的销售工作达到事半功倍的效果。

不同的产品其演示方法也不同。客服应该对自己产品的功能以及使用方法了如指掌，如果因为客服的准备工作做得不足而导致不能及时解答客户的问题，这就意味着你接下来所有的工作将会毫无意义。因此，熟悉产品的功能和使用方法，掌握产品演示的每一个步骤，是每一个优秀客服的必修课。

3.1.2 把客户的注意力转移到产品上

客服与客户交流或者谈判的最终目的是将自己的产品推销给客户，要实现这个目

标就要让客户关注你的产品,并愿意为此掏腰包。不管客服多么能说会道,如果不能把客户的注意力转移到产品上,使之产生兴趣,那么一切努力都只能成为无用功。

那么,如何将客户的注意力转移到产品上呢?优秀的客服能够通过巧妙的发问和谈话,吸引客户的注意力,在一种和谐的氛围中,让客户对自己的产品产生兴趣,使其购买欲望上升,而后促成购买行为。

1. 从客户的"关注点"入手

客服要把客户的注意力自然地转移到产品上,刺激其购买欲望,就必须设法把产品与客户比较关心的问题联系在一起。

🔄 **案例 3 - 3**

客服:亲,您的孩子上几年级了呢?

顾客:一年级。唉,刚开学,太忙。

客服:亲,是的呢! 孩子是我们的希望,每个家长都不想让孩子输在起跑线上,望子成龙,是每个做家长的心愿。

顾客:唉,天天早上要催着起床,催着穿衣服,催着洗漱,催着吃早饭,不然就磨磨蹭蹭,几乎天天迟到。

客服:亲,不要焦虑,孩子的磨蹭总是有他的道理,慢慢来,每个孩子都有自己的个性,我们要尊重孩子的磨蹭,切莫心急,以免适得其反。

顾客:我也是这样想的,但是有时候还是要急呀!

客服:亲,作为家长,我很理解您,孩子刚刚上小学,一个新的环境需要他们去适应。这个时候我们当家长的,要多多鼓励和关爱! 孩子顺利度过了这个适应期,相信很快一切都会顺利的!

顾客:谢谢你啊,希望如你所说。

客服:不客气,我也是从这个阶段过来的。

顾客:你们这款手表都有什么功能啊?

客服:亲,这款手表具有……

从上例中我们可以看出,客服首先抓住客户的关注点——"孩子的磨蹭",跟客户分析孩子的特点,安抚客户并耐心地与客户谈心,取得了客户的信任,这样的销售必然会取得成功。

2. "请"他的竞争对手来帮忙

每个人都想要战胜自己的竞争对手,因此,一旦涉及竞争对手的话题,客户难免会产生紧张的情绪。这时候你可以结合自己的产品特点,帮助客户分析这些产品能给其带来的好处,这样客户必然会很感兴趣。

案例 3 - 4

客服：亲，您的孩子几岁了呢？

顾客：4 周岁。

客服：亲，有给宝宝学画画吗？

顾客：现在每个孩子至少都有三个兴趣班，孩子不能输在起跑线上啊！

客服：是的亲，现在的家长都不想让孩子输在起跑线上，给孩子报各种兴趣班，小小的孩子本领可大呢！您的孩子都报了哪些兴趣班呢？

顾客：我们在学画画、舞蹈、围棋。

客服：哇，您的女儿一定很优秀、很有气质！

顾客：谢谢！

客服：亲，您的孩子平时在家里有画画吗？画画对孩子的智力、情商开发作用很大呢！

顾客：偶尔画一下，主要是孩子太小，经常乱画，把家里弄得很脏，外婆不高兴。

客服：亲，那您要跟外婆说一下，孩子画画是一种天性，尤其是学习过画画的孩子，对画画更加有兴趣。孩子小，不小心画到墙面、地面、衣服上是很正常的呢！不要过多约束她的画画行为，过多约束会适得其反哦。

顾客：没办法，她外婆爱干净，老人总想着干干净净。

客服：是的亲，现在市面上各种各样的画笔，有些价格实惠，有些质地粗糙，小孩子不小心画到手上、身上很难清洗。我们这款画笔虽然价格高，但是非常环保，最大的优点是不管画到哪里都很容易擦干净、洗干净，对孩子皮肤一点伤害都没有，画到衣服、墙面上，用湿毛巾擦一下就去掉了呢！孩子用它来画画，不用担心外婆会不高兴哦！

顾客：是吗？那我先拍一套。

3. 适当地提供一些时效性的信息

通常，一些时效性的信息会给人带来一定的紧迫感，从而帮助客户下定决心。比如客服可以向客户提及活动的截止日期，这往往能够激发客户的兴趣。

案例 3 - 5

顾客：我再看看。

客服：好的亲，那您再看看，再比较一下。如果您觉得我家的这款产品还不错的话，也请您尽快下单，我们这款产品的活动时间马上要截止了！祝您愉快！

"直线进攻"也许是理想中的最短距离，但往往不是最佳途径，作为客服，需要转变思路。当客服选择一种看似费时费力却能够使客户的注意力转移到产品上的"曲线救国"方法时，可能会有意想不到的收获。

3.2 抓住客户的"弱点"

3.2.1 "服从"对待专断的客户

销售过程本身也是服务客户的过程。客户购买的不仅是产品,也是一种情感的体验。所以,客服人员必须树立服务意识,尊重客户的意见。在沟通过程中,客户的意见无论是对还是错、是深刻还是浅显,客服人员都要顾及对方的自尊,给予足够的尊重,给足客户"面子"。

在销售过程中,经常会遇到这样的客户,他们的态度总是很冷峻,给人以高高在上的感觉,经常拒绝别人,不给人以说话的机会,喜欢控制别人,总是处于命令的状态,相处起来也不是很容易。对待这类独断专行的客户,最佳的合作态度是服从,因为他们有支配别人的习惯。对于这类客户,客服人员一定要有时间观念,在交谈中,思路要清晰明了,切忌拖泥带水,更不要闪烁其词或是词不达意。需要记住的是,避免与对方发生冲突的最好方法是不要和对方的观点对立或者在不恰当的时候提出反对意见,否则销售行为很容易以失败告终。总之,客服人员要懂得满足对方的支配欲望,这样合作才能顺利进行。

与这类客户合作的重点在于减少与对方发生对立的机会,但是又要适当地坚持自己的立场。我们的应对策略是:

(1)立场坚定,思维严谨,说话不拖泥带水。

(2)在客户要求合理的前提下,满足其条件,使销售顺利进行。

(3)适当地满足其控制欲,以便合作双方相处愉快。

对于那些业绩突出的客服人员,客户经常会给出这样一句评价:"在服务中我时刻觉得自己被尊重。"可见,赋予尊重不仅是为了促成一次交易,而且是为了永久赢得一位客户。

3.2.2 热情对待随和的客户

随和型客户性格温和,态度友善,当客服人员向其介绍或者推销产品的时候,他们往往会比较配合,愿意听客服人员的"唠叨"。即使客服人员表现得很不热情、很不积极,他们也能容忍,不会轻易发脾气。

随和型的人通常有这样的特征:在他们的办公室里,你会发现他在各地旅游时拍

下的照片;办公桌上有全家福或者爱人、孩子的照片等。他们通常比较随和,乐于听取别人的意见及看法,有良好的沟通能力,给人以亲切的感觉,是很好的合作伙伴,相处起来十分容易。在工作中,他们很少与别人发生冲突,虽然性格可能有些敏感,但是发生问题的时候,他们会尽量减少摩擦,自己的真实想法也很少有机会透露。虽然与这种类型的人相处会没有压力,但是他们在销售关系中却是最难成交的客户。

客服人员在与之沟通的过程中,随和型客户说得最多的话就是"好",无论什么都以"好"作为结束语,唯一说"不"的时候就是不买产品的时候。他们购买产品或服务时会考虑很多因素,且不会对别人造成影响。他们经常会问:"这个产品容易操作吗? 会不会影响别人?"

面对随和型的客户,客服人员想要顺利地推销出产品,一定要注意:每个人都有自己的购物特点,随和型的客户也不例外,了解其购物特点很重要。让这类客户购买产品需要有计划地进行,比如选择一个良好的时机,提供一份关于产品的完整资料并报出一个合理的价格。

还需要注意的是,客服人员一定要了解竞争对手的情况,因为随和型客户或许会在你之前去不同的地方问价,如果你的产品不能比对手的产品更好,那么你获胜的可能性就会大减。

一般情况下,随和型客户做出决定的时间会很长,所以客服人员不能太急,也不能给予否认或者怀疑,要把握分寸,适当地给予对方思考的时间并加以引导。这样才能保证销售的顺利进行。

随和型客户所期待的服务是要随时保持良好的沟通,他们希望得到的是一种被动的分享,因此客服人员在沟通的过程中要有非常大的耐心。他们花在决策上的时间很长,因为他们对于问题的恐惧程度比较高,不喜欢承担风险,尤其不希望因为自己的原因而造成不应该有的损失。因此在与之合作时,要给予其保证,使其放心,这样才可能促使交易顺利完成。

随和型客户通常性子较慢,因此客服人员不能太过急躁地推销商品,而应该努力地配合客户的步调,慢慢地引导客户,用专业的商务语言给客户积极的建议,让客户了解到你的诚意,消除其心中的种种疑虑,最终水到渠成,促成交易。

随和型客户的缺点在于做事缺乏主见,比较消极被动,在购买产品时往往犹豫不决,不容易做出决定。一旦客服人员给其施加压力,就会很快促成交易的成功。当然施加压力的方式、方法一定要正确。譬如,客服人员要始终把主动权抓在自己的手里,用自信的言谈给予客户积极的建议,并多多使用肯定性的语言加以鼓励,而且要多站在客户的立场来讨论问题,在潜移默化中使客户做出决定,这样才是比较合适的做法。

因为,随和型客户虽然害怕受到压力,但是却不喜欢受到别人的强迫。客服人员要想说服这种类型的客户,最隐蔽而有效的方法就是消除客户的疑虑,用真诚攻破客户的心理防线,使客户没有拒绝的理由。

3.2.3 恭维对待虚荣的客户

有这样一类客户,和他们谈话时,他们很爱炫耀,因此客服人员只要听他们自夸就可以了,这种类型的客户属于虚荣型客户。

该类型的客户有一个最大的特点,就是心里藏不住东西,他们不会掩饰,有什么信息都会拿出来炫耀。因此,在与之合作时,只要你能随时巧妙地恭维他们,那么合作基本会成功。

在与这一类客户首次交流寒暄过后,客服人员就要利用一切可以利用的机会展开恭维,比如可以赞叹客户品位不凡等,还可以具体地谈某项事物,如客户服装搭配很有个性等。

例如,有一个全职妈妈在与客服交流一番之后,在网店里选了很多产品,结果结算的时候发现超支了,于是说道:"哦,其实我也不需要这么多。"这时,客服马上明白了她的意思,说道:"哦,这样啊,我帮您看看,哪些是必须买的,哪些是可以下次买的。"这位妈妈很开心,说:"哦,好。"结果,这位妈妈在客服的帮助下,很乐意地选了几款产品,然后付了款。再见时,这位客服不忘说一句赞美的话:"您真是持家有道。"

生活中每个人都或多或少有虚荣之心,爱慕虚荣是一种普遍存在的心理。比如,有些人喜欢与有名气的亲戚和朋友套近乎;有些人热衷于时髦服装,对流行产品比较敏感;有些人不懂装懂,害怕别人说自己无知;有些人受到别人的表扬和夸赞时,容易沾沾自喜、扬扬得意,自我感觉良好……这种虚荣的心理在日常生活中十分常见,并且看似难以避免。

在销售过程中,有时会遇到这样的情况:在与客户沟通时,客服人员时不时说出的一些赞美客户的话语,使得客户心情始终保持愉快,并对所谈的话题感兴趣,愿意继续交谈下去。这样做的结果是客户逐渐放松警惕、消除敌意,谈话一直以轻松的状态进行下去。

虚荣型客户一般自尊心较强,比较好面子,因此客服人员在与之合作时,只要适当地满足其虚荣心,销售往往便可成功。

有一个销售业绩非常好的客服人员在谈及他的销售秘诀时说,他在和客户交谈时最喜欢谈客户引以为荣的事情。他说其实人人都喜欢听别人赞美自己,如果赞美运用合理,客户心里肯定极为受用,越是自傲的人,越爱听别人夸自己,赞美这一招也就越

有效。"每个人都有虚荣心,每个人都喜欢被赞美,尤其是虚荣型客户,他们对赞美的要求更高。赞美的话,别人听了舒服,自己的身份也不会因此受到损害,于人于己都有好处,何乐而不为呢?"这位客服人员说出了他业绩出色的"秘密武器"。

在日常生活当中,虚荣心体现在方方面面。特别是在消费中,客户的虚荣心理也会表现得很明显。比如,虽然自身的经济条件并不是很宽裕,但是在选购商品的时候也还是倾向于选择比较高档的产品,并且在客服人员面前尽量表现得很富有。他们最不能容忍的就是别人说自己没有钱、买不起。如果客服人员对其表示出轻视的态度,其自尊心就会受到很大的伤害。这样的客户更需要得到客服人员的夸奖,如果你夸奖他们有钱,那么他们就更愿意在你这里消费得更多。

人人都有虚荣心,但是赞美别人时要适度,若是太过,就容易让客户产生不真实感,就会使客户对你的人格有所怀疑,从而对你产生戒备心理,赞美反而会适得其反。因此客服人员在赞美时要把握分寸,这样才能让客户满心欢喜。

每个人都喜欢被恭维,虚荣型客户尤其如此,他们更注重自己的面子,因此客服人员在意识到这一点后就应当给足其面子,多说一些恭维话。这样既能赢得客户,让他们的自尊心得到满足,又能让他们高高兴兴地把东西买走。

3.2.4 实惠对待精明的客户

也有这样的客户,他们工作认真、处事谨慎,对细节问题把握得十分精确。在与之沟通时,他们通常表现得小心翼翼,十分关注客服人员的第一印象。

如果你在初次与之交谈时留下不好的印象,那么将来的合作可能就会困难重重。此外,他们讨厌欺骗,哪怕是善意的谎言。这种类型的客户被称为精明型客户。精明型客户包括尽责型和执着型两种类型,针对他们的具体销售方法应该因人而异。

1. 对尽责型客户来说,行为规范很重要

尽责型客户的共同特征就是有很强的分析能力,做事很严谨,任何问题都逃不过他们的眼睛,经他们手的工作一般都是万无一失的。因为这样的特点,使得他们对人对事都很挑剔,他们不会轻易相信一个人。在所有客户中,这种类型的客户属于比较"难缠"的。当然问题总有解决的方法,对待这样的客户时客服人员要懂得分析他们的要求,在与之谈话时要保持真诚,使其具有安全感。

与这样的客户相处时,你的一切都要以一种井井有条的状态出现,尤其是对细节的把握方面更要注意。

尽责型客户讲求事情的准确性,他们的分析能力和观察能力很强,因此掌握一定的数据对他们来说很重要。在与之合作时,应尽可能多地提供一些准确的资料。与标

新立异型的客户相比,尽责型客户不喜欢攀比,即使他的朋友已经买了你的产品,你也不要以为他一定会买单,他们购买产品往往要通过自己多次分析之后才会下定决心。

此外,对待尽责型客户还应注意以下几方面事项:

(1)你的思路要清晰,方法要具体明晰,态度要严谨。

(2)你的行为必须规范,最好不要有什么不良习惯;聊天时要冷静,切勿急躁;聊天内容要有条理,让对方明白你是在认真倾听。

他们喜欢你对你所销售的产品做详细说明,以便了解到更多关于产品的信息。当然,在说明这些信息时,要保持产品真实度,千万不能夸大其词。

不管怎样,客服人员的整体行为规范要和这类客户的习惯相近,这样你才有成功的可能性。

对于客服人员来说,这样的客户可能在前期属于比较难合作的对象,但是从长期来看,这类客户是最稳定的。一旦他们购买了你的产品,那就代表他们相信你,你已经通过了"审核"。当然,在他们成为你的固定客户后,你也不能懈怠,因为他们善于观察,如果你有丝毫怠慢或者欺骗的成分,那么合作就很可能会被终止。

以上是尽责型客户的基本特征以及应对策略,这些同样适用于执着型客户。当然,应对执着型客户,还应该有些特别的技巧。

2. 对执着型客户来说,道德规范很重要

与尽责型客户相比,执着型客户拥有相同的特征,他们同样生性稳重、做事仔细、工作态度严谨。不过与之不同的是,他们更注重合作对象的道德水准。他们可以忍受对方在立场方面的瑕疵,但是如果对方的道德水准过于低下,那么双方的合作将会变成不可能的事情。

与这样的客户合作时,一定要保持真诚的态度,要确保他们对你完全信任。需要提醒的是,在与这类客户合作时,一定要清点一下自己的销售记录,如果曾经出现过某种问题,要及时弥补,若被这类客户发现,你的可信度会立即降低,合作的成功率也会大打折扣。

这一类的客户还有一个很大的特点,就是很少买陌生人的东西,他们更愿意从有多年交往经历并十分信任的人那里买东西。这里有一个"三年规则"的典故,讲的是商家如果到北卡罗来纳州东部的小镇上做生意,一定要有足够的耐心熬过生意的头三年,如果没有足够的勇气,那就请放弃。因为这里的人们普遍喜欢观察,他们会观察你以下方面:你是否可靠,是否能够说到做到,有没有社会责任感,是否有爱心,对待义务工作的态度,是否有一个和睦的家庭,是否诚实,是否言行一致。如果你能顺利度过这三年,那说明你的道德规范符合他们的要求,你已经通过了这些人的"考试"。随后

你将得到他们的信任,光顾你店铺的人将会越来越多,你的生意之路即可发生转折,即使有时你的产品比别人的价格高一些也没有什么关系。

总的来说,与精明型客户合作不能过于着急,也不要总是一味地"损人夸己",对待工作要尽职尽责,给客户留下一个可靠的印象。最重要的是万事以规范为主,只要你做事的方法符合他们的规范要求,那就代表你已获取了他们的心。

碰上精明的节俭型客户也许是一件头疼的事情,因为不管你怎样解说,他们都会挑剔你的产品,都会和你讨价还价,但这也是他们的弱点。如果你能抓住这一弱点,给他们一点优惠,那么这类客户也能成为你的忠实客户。

精明的节俭型客户尽管难以打交道,但是销售成功的可能性比其他类型的客户要大一些,因为这些客户需要的只是一个合理的价格,能为他节省一点儿钱。只要销售人员有一定的技巧,这类客户也是能攻克的。

3.2.5 "强硬"对待犹豫不决的客户

有些客服人员在与客户沟通时,会发现一些客户表现出一副犹豫的样子,情绪时好时坏。客服人员已经把产品以及服务等各方面的信息介绍得很全面了,对方也没有表示出多大的异议,可就是在签单的时间问题上一再拖延,总爱说"我再考虑考虑""我再问问别人""我回去再想一下"等等,就是不能下定决心。这样的客户,我们称为犹豫不决型客户。

犹豫不决型客户在选购商品的时候总是会左比右比、左挑右选,在确定没有任何问题之后才会决定购买。这种类型的客户在购买商品时最大的特点就是疑心较重,爱挑剔。他们做事一定要经过认真的分析,比较注重事实和数据,追求准确度和真实度。此外,这类客户在具体的数量和价格上,也要求得比较精确,他们最讨厌模棱两可的概念。

这类客户比较注重细节、比较理智,更加相信自己的判断,他们一般不会因为自己的好恶就决定买或不买。他们的决定是建立在对翔实资料的分析和论证基础之上的,因此,在选购商品时,这种类型的客户总会慢条斯理,表现得十分谨慎和理智。

从穿着上来看,这种类型的客户普遍着装简单,比较传统,也很朴实。从外形上看,他们显得有些书生气,说话很少,但是很能切中要害。他们就像专家一样,处理问题时通常会精心地策划。他们的观察力十分敏锐,善于捕捉产品或服务中的任何一个微小的特征,同时会把产品的所有信息收集起来,进行分析。对于他们来说,选择一种产品一定会尽可能地货比三家,这是他们运用得最多的方法。

在日常工作中,他们喜欢把一切工作用书面的形式表现出来,口头的承诺通常很少被他们采用。

这类客户还喜欢提问题。对于他们提出的问题，客服人员最好给予明确的答复，如果你试图回避一些问题，那么他们的疑惑将随之增大，合作成功的可能性也会随之变小。

对于犹豫不决型客户来说，产品质量以及服务水平的高低、价格以及优惠活动是他们考虑最多的因素。

犹豫不决型客户讲究事情的准确性，他们的分析能力和观察能力很强，因此掌握一定的数据对他们来说很重要：在与之合作时，客服人员应尽可能多地提供一些准确的资料。与标新立异型客户相比，犹豫不决型客户不喜欢攀比，即使他的朋友已经买了你的产品，你也不要以为他就会买。他们购买产品往往要通过自己多次分析，其目的只是想要买到货真价实的东西，避免上当受骗，所以会很自信地审视一切。如果他们没有什么疑问，才会安心购买。因此，在面对客户审视的时候，客服人员没有必要感到窘迫，真诚地面对他们，接受他们的检查就是了。

在与犹豫不决型客户交往的过程中，客服人员做事一定要严谨，讲究条理性，在细节上也要做到无可挑剔。如果客服人员过于大意，就容易失去客户的信任，甚至还会引起客户的厌烦。

遇到犹豫不决型客户，客服人员要学会用适度强迫的方法促成交易。你要将整个交易过程看成一个"逼迫"的过程，但要"逼"得适度，要运用一定的方法，不能太急，也不能太慢条斯理。

面对犹豫不决型客户，客服人员也要学会分析，并且通过客户的种种表现，自信地对他们做一番深入的分析，把握住客户的心理，从而采取适当的对策来俘获客户的心。一般来讲，对待这一类的客户，客服人员要认真倾听，并从他们的要求中获取信息。与客户聊天时，要注意逻辑，打字速度可以适度放慢，显示出比较严谨的推销风格。对客户要进行详细的产品说明，产品说明越详细越好。犹豫不决型客户喜欢听客服人员"唠叨"，他们会从客服人员介绍的细节中获取有用的信息，并据此做出分析判断。如果客服人员为图省事，对产品少做说明，甚至不做说明，反而会遭受客户的怀疑。

当然，现实中的情况会复杂一些，以下是一些经验丰富的客服人员针对犹豫不决型客户所采取的几个"逼单"的方法。

1. 假定客户已经同意签约

犹豫不决型客户通常有购买意向，但总是不能下定决心购买产品。此时，你可以试着采取这样的方法：强行主导客户的思维，并对其进行诱导，进而完成签约。比如，客户明白某产品肯定是有益于公司的发展的，但是由于知识的欠缺，他表现得犹豫不

决。此时,客服人员就可以抓住时机对客户说:"×女士,您可以先买一下试用装,试一下效果。如果收效好了,再根据情况来决定是否继续订购使用我们的产品,这样做更保险一些。反正花费也不高,您觉得呢?"这样的建议实际上是把客户的思维直接引到客服人员这边了,此时客户考虑的就不是做不做的问题,而是怎样做才好,合作事实上已经达成。

2. 解除客户的疑虑

有些客户即便已经决定购买产品了,还是不会迅速付款,他们时常会在一些细节问题上琢磨,从而延误付款的时间。遇到这种情况时,客服人员应该迅速转变说服策略,询问客户相关问题,给予客户最为清晰的解答,一旦所有的问题都解决了,客户决定付款的时间也就到了。

3. 欲擒故纵

有些客户虽然已经对你的产品表示出了兴趣,所有关于产品的细节问题也已经得到了满意的答复,可是本性使然,他们就是拖拖拉拉不付款。此时客服人员不妨试试"欲擒故纵"这招。客服人员可以装作漫不经心的样子,转移工作重心,给客户一点思考时间,在这段时间里,有些客户可能就会下定决心付款。需要注意的是,这种方法要在适当的时间才能运用,不然很容易被同行钻空子,从而导致机会白白流失。

3.2.6 个性对待标新立异的客户

每一个客户作为一个单独的个体,都拥有其独特的性格、心理和气质。针对这种情况,客服人员在销售过程当中也不应该用同样的方式去对待所有的客户。客服人员应该针对不同客户的不同特点,在应对方法上要因人而异,随机应变,针对不同的客户选择有针对性的销售策略,从而对症下药,促成交易的顺利成交。

标新立异型的客户通常衣着很随意,但是非常时尚,且能够从他们的衣着上看出潮流的影子。与他们聊天时,他们会表现得朝气蓬勃,他们的个性比较自由,个人想法比较多,喜欢广交朋友,是处理人际关系的高手。

与这类客户沟通时,你会发现,他们根本不会注意产品本身的质量及特性,他们关心的问题是谁在用它。如果他的朋友或者是同行业的竞争者在用你的产品,那么,他很可能会购买你的产品,因为这类客户往往会把这种购买行为当成体现其地位及身份的象征。要知道,很多标新立异型客户在购买名表名车的时候,这些产品的使用功能往往会被忽略,他们注重的是这些产品是否可以体现其身份。

和标新立异型客户交谈时,客服人员要有很好的口才,你要换一种沟通方式,话题一定要广泛,天文、地理、奇闻、逸事、时政、经济等都可以作为谈话的切入点,且

要以轻松的方式进行沟通。沟通时,如果你表现得口若悬河,对对方提出的话题给予肯定并加以补充,能够找到话题的"新鲜点",让对方觉得你知识渊博,就可以引起他们对你潜在的崇拜,此时你适时地加入产品介绍,那么他们将会对你的产品产生关注,合作成功的概率就会变得很大。需要注意的是,在介绍产品时一定要注意渲染,比如某知名企业或某知名人士也用了这款产品之类的话语,这对交易的促成会有所帮助。

追求时尚是当今年轻人购物的主旋律,大多数的年轻客户都比较喜欢时尚、前卫的东西,他们有着敢于尝试的勇气,有着自己另类的信念和品位,他们是时代前沿的"弄潮儿"。这一类型的客户一般在消费过程中,喜欢标新立异,喜欢让自己变得更加独特,在众人之中脱颖而出。因此,他们在购物的时候,总是喜欢比较另类的大多数人不曾购买的东西。这类客户大多拥有较为强烈的好奇心,并乐于接受新事物。

标新立异型的客户,他们之所以购买那些比较另类的东西,一方面是出于自己的爱好和兴趣,另一方面则是出于一种追求独特的心理,他们希望得到别人的重视,希望通过不一样的服饰或者装扮而使自己显得与众不同。因此,客服人员在面对这种类型的客户时,要学会适当地予以认同,譬如说"小姐,您穿上这件衣服真有个性,有一种与众不同的感觉""您真有眼光,这件衣服是新品,您可是第一个购买的"。当喜欢标新立异的客户听到这样的话后,心里一定会很高兴。

🔄 案例 3 - 6

客服:小姐,您的身高和体重太让人羡慕了!您身材高挑,这款衣服一定可以显出您优美的身材。

顾客:多少钱?

客服:1080 元,因为是店庆,如果今天下单可以给您打九五折,我看这件衣服特别适合您,建议您购买一件吧!

顾客:好的,这件我要了。

客服:小姐,您真是太有眼光了,很多人都喜欢这种款式的。

顾客:哦?是吗?……不好意思,我想我还是不要了。

那么,到底是什么原因让客服人员到手的生意瞬间告吹了呢?究其原因就是客服人员没有弄清楚客户的类型而说错了话。很明显,案例 3 - 6 中的女士属于标新立异型的客户,穿着讲究与众不同,这种类型的客户最不能容忍的就是和其他人穿着一模一样的服装。试想面对着这样的客户,客服人员最后的那句恭维话怎么能使生意不泡汤呢?

所以,客服人员在推销过程中,要善于从客户的言谈举止中发现其心理倾向。然

后再针对心理态势寻找突破口,使客户满意你的产品和服务,否则很可能因为一句错误的推销语言而使生意泡汤。反之,当客户在购买时获得他人的注意和客服人员的认同,就会感到愉悦,也就比较容易接受客服人员的意见了。

3.2.7 实用对待墨守成规的客户

墨守成规型客户一般都比较保守,这种类型的人在生活中不论做什么事情都比较有规律,讲究条理,不随便改变。而在消费观念上,墨守成规型客户则总是喜欢在同一家商店购买商品,认准一个牌子的东西会一直用,对其他的商店或者品牌则没有太大的兴趣。他们往往被一些先入为主的观念所左右,而一旦形成固定的印象就很难改变。这样的客户是最难说服的,往往客服人员费了很大的气力,但最终的结果却并不一定很好。

墨守成规型客户更易接受物美价廉的产品,他们追求产品的优等质量,同时也希望价格比较合适,他们一般不会对太过高档的产品产生兴趣。因为在他们看来太过高档、不实用的消费都是奢靡的、不值得提倡的。基于此,这一类型的客户接受新产品的过程也是比较缓慢的,他们需要对产品的质量以及其他多方面的因素进行综合考虑和检验。只有当他们最终确认产品是实惠的、安全的,他们才会选购该产品。所以客服人员在面对这样的客户时,必须要拿出足够的耐心,急于求成只会让客户产生怀疑,使其本身所固守的心理更加强烈。

墨守成规型客户总是对自己之前使用的产品情有独钟,要想让他们接受一些新的产品是比较困难的事情,但是毕竟他们还是喜欢更加安全、更加实用、更加优质的产品的,所以这是一个很好的突破口。客服人员要让客户在实际的对比中,发现新产品有更好的性能,这样就会慢慢地改变客户的观念,让他接受你的产品了。对于客服人员而言,只要能够给客户澄清其中的利害关系,并且能够提供物美价廉的产品,还是可以打动客户的心的。

在实际操作中,许多客服人员采用闲聊的形式展开交谈,讨论一些与销售本身关系不大的主题,比如业余爱好、体育活动等,这种方式称为暖场。实践证明,在闲聊中潜在客户可能更易放开、解除戒备之心,会更多地透露出有关自己和公司的情况。闲聊中,客户还会表达出对产品或服务的质量、价格等的期望与要求。通常情况下,暖场的常见方法有消除陌生的话题,比如客户的个人爱好等;讨论有关行业发展的趋势以及顺理成章的其他话题,比如汽车、竞技比赛等。

事实上,最好的销售武器就是阐明产品本身的实用性,这种推销方法不仅省时省力,而且降低了成本,是个不可多得的销售方法。对于墨守成规型客户来说,最好的说

服方式就是以事实说话,如果你的产品得到了这类客户的认可,那么签单也就是自然而然的事情了。

3.2.8 耐心对待沉默寡言的客户

沉默寡言型客户往往个性内敛,属于深藏不露、老成持重的典型,同时做事喜欢三思而后行。

沉默寡言的人,也分不同个性,是真的比较沉闷的那种老练,还是天生不爱说话?这当中是有很大区别的。不过不论遇到哪种个性,沉默寡言型客户一般都会对华丽的言语免疫,对你要推荐的产品本身要感兴趣得多。

在与这类客户交流时,建议用平淡的语气,不要太夸张地把你的产品和要谈的内容交代出来,尤其注意不要夸大其词或嬉皮笑脸,要不然生意很容易就没了。对待沉默寡言的客户,客服人员可以使用以下的招数。

1. 问出客户的真实想法

在销售的交流过程中,沉默寡言的内向型客户虽然也在跟从你的导购,但是他并没有过多的言语,对任何产品都反应平平,从他的言谈举止中客服人员很难分析出他真正的需求,更不知道他在想什么。不过,这个时候就是考验客服人员的时候了,客服人员可以通过询问等方式来推测他的内心活动,在与他交谈的过程中,仔细斟酌他每句话里面可能包含的信息,然后找到切入点攻破他沉默寡言的防线。比如客户来了,那么你在寒暄过后应该拿出你店铺的新产品,介绍产品的特点,尤其是与众不同之处,当然这些都是要提前准备的,只要和客户有密切关系的话题,客户是不会太过于冷淡的。

2. 给客户足够的思考时间

客服人员在遇到沉默寡言的内向型客户时不要一味地寒暄,要及时切中要害,尽量达到一针见血的效果。同时也一定要注意言谈措辞,尽量把关键信息都展示给客户,并指出产品的亮点和重点。当客服人员把该介绍的都说过之后,就可以选择暂时的沉默,把时间留给客户让他独立地思考。然后客服人员只要静静等待就好了,当客户有需要或者是有问题时,再做回答也不迟。我们不能要求每个客户都很开朗,只能去适应他们,不能因为性格上的不同而拒绝客户。

3. 真诚对待客户

沉默寡言的内向型客户虽然看上去不好相处,性格冷淡,但是实际上,他们也有自己的热情,只是他人不太容易发现罢了。只要你能够找到他们心中的"燃点",用你热情的火种"点燃"他们,他们就会把自己的热情自然而然地展现给你了。

3.2.9 静心对待性急的客户

调查结果显示,80%～90%的急性子客户会买下自己看到的第一件产品,正是由于性子急,他们往往是最容易销售成功的人群,但有时也会很麻烦。

在整个销售过程中,急性子的客户还是少数。虽然说相对于那些沉默少言的客户来讲,性子急的客户更受客服人员的喜欢,但是也正是由于性子急的客户比较喜怒无常、性情暴躁且比较任性,所以他们经常会很简单地做出决定,紧接着也会很轻易地改变主意。

🔄 **案例 3-7**

客服:先生,这款电视机您感觉如何?

顾客:不错,很好呀。

客服:是呀,这款电视机的性能非常好,它的显像管是从国外进口的,并且有着非常不错的电路系统,在电压不稳定时也丝毫不会影响到电视节目的收看效果。而且,它是采用数字式控制的……

顾客:你可不可以只告诉我一个结论,你究竟想说的是什么呢?

客服:我是说,这是一款技术高端的电视机,在目前市场上属于顶尖水平,它不但能够……

顾客:嗯,是挺不错的,那它的价格是多少呢?

客服:因为这款电视机的性能好,所以它的价格相对其他电视机稍贵了一些,毕竟性能高成本也高嘛。不过它的性价比是很高的,视听效果绝对一流,会给您带来无尽的乐趣。

顾客:你就告诉我多少钱吧!

客服:是××元。您如果买了这款电视机,除了可以享受到一般电视机可以享受到的售后服务以外,还能得到……

顾客:嗯,行了,那你告诉我该怎样付钱吧。

……

顾客:亲,不好意思啊,这款电视机我先退了,我还要再考虑一下。

……

客服遇到这样的客户真是会哭笑不得,值得开心的是生意做成了。性子急的客户一般可以分为两种,客服人员在接待性子急的客户的时候,首先要判断其属于哪种客户,之后再见机行事。

(1)任性的客户。他们的特点就是任性,自己想做什么就一定要做什么。

（2）天生就是急性子的客户。客服人员一定不要主观地认为急性子的客户急于求成，那么这场交易就胜算十足，而是应该耐心地向他们介绍产品各方面的性能特点。

客服在对待性子急的客户和一般客户时还是需要有所区别的，做事一定要麻利干脆，不能拖拖拉拉。对待性子急的客户，不需要很多的寒暄和开场白，要先说结论，之后再详细地讲述缘由，这样才会给客户留下一个非常好的印象。

3.2.10 诚心对待爱挑剔的客户

《孙子兵法》说："上兵伐谋，其次伐交，其次伐兵，其下攻城。"对于客服人员来说，其意思就是，首先一定要具备好的观念以及心态，并使用正确且有效的策略；其次要创造并维持一个良好的客户关系，可以推动今后各种优秀并且有效的计划；最后才能够制定出面对客户挑剔时需要采取的一些适当做法。而关于怎样"对抗"最挑剔的客户，并不是你来我往的攻击或是防御，而是要消除隔阂、解决问题、促成合作，并在这之后把最挑剔的客户转变为最忠实的客户。

在市场竞争激烈的今天，客户对产品的要求和期望越来越高，客户也越来越挑剔。我们作为客服人员，在面对特别挑剔的客户的时候，一定要诚信和有耐心，这样才能让客户满意，让交易过程顺利进行。

"经营之神"松下幸之助曾这样说过："客户的批评意见应视为神圣的语言，任何批评意见都应乐于接受。"客户对产品挑剔的原因通常可以分为以下两类。

（1）客户感觉客服就只会介绍产品的优势，总是掩饰商品的缺点和不足，所以就非常挑剔，吹毛求疵，挑剔是客户的本性。

（2）客户挑剔的目的就是想让客服处在一个被动的位置，之后就能降低价格，其实很多时候他们对本身所挑剔的问题并不是很在意。

在面对挑剔的客户的时候，客服人员首先一定要判断出该客户是属于哪一种情况，之后再具体问题具体分析处理。

（1）应对第一类挑剔的客户时，客服人员应该虚心倾听并且冷静分析客户的想法，之后妥善地回答客户的问题，采纳客户的建议，而不是排斥和拒绝。

（2）应对第二类客户时，客服人员不要马上降价，而应该迅速转移话题，让客户意识到商品的价值，让客户更认可产品，从而忽略价格的问题。

与挑剔的客户的交流过程，就是双方交易谈判的过程，如果客服能够耐心而且诚心地对待客户，那么就会大大提高签单成功率。

3.3 排除客户的异议心理

3.3.1 引导对方说"是"

对于有经验的客服人员来说,懂得利用客户的惯性心理,让客户对自己推销的产品点头说"是",这是赢得客户的有效手段之一。所以,如果想要让客户同意你提出的观点,不妨在你与客户进行沟通之前,对客户的性格特征和心理倾向进行认真的研究,精心选择想要交谈的话题以及要提出的问题,通过连续的肯定回答让客户自然地形成积极而正面的购买态度。

客服人员在与客户进行沟通的时候,要尽可能地挑选一些客户能够肯定回答的问题进行提问,让客户在不断地说"是"的过程中产生一种认可的"惯性心理"。通过这种惯性心理的影响,那么当你向客户提出交易请求时,客户就很可能惯性地说"是",从而使交易成功的概率加大。

惯性心理到底是什么呢? 所谓惯性心理,是指当一个人在不断地回答一系列问题时,如果从一开始就回答"是"或者连续几次都回答"是",那么其对后续所提出的问题便会不知不觉地就回答"是"的心理倾向;反之,若从一开始就说"不"或连续几次都说"不",那么其对于后续所提出的问题便会产生说"不"的心理倾向。

1. 从客户的兴趣入手

大多数客户在购买产品时,常常喜欢凭借自己的意愿和兴趣,以自己的感觉为准,随意购买。他们不喜欢客服人员"喋喋不休",认为这样做会降低他们随意购买产品的乐趣,所以常常以各种理由拒绝,给销售工作带来很大的阻碍。

当面对这样的客户时,客服人员表现得越热情、越"苦口婆心",反而越容易引起客户的反感。这时,客服人员不妨抛出一些有趣的话题,让客户自己不自觉地打开话匣子,创造一个和谐的交流氛围,并想办法让客户对你所介绍的产品保持一种热情的态度。同时,客服人员应懂得如何利用产品优势吸引住客户,让客户的注意力不自觉地放到你所介绍的产品之中。并且,客户对于其感兴趣的话题,一般的回答都是肯定的,这样也会对形成惯性心理产生一定的帮助。

2. 用客观事实说话

有些客户消费前常常会对自己想要购买的产品进行一些大致的了解,甚至有时候对产品的熟悉程度不亚于客服人员,俨然一副"资深产品专家"的模样。当面对这样的

客户的时候,客服人员在介绍产品时一定要准确把握,决不能为了鼓励和吸引客户而将产品的功效任意夸大,否则,无异于"搬起石头砸自己的脚"。

客服人员必须不断地提高自己的专业素质和业务水平,全面掌握产品的综合知识。在与客户进行沟通时,要实事求是,诚实守信,这样才不会让客户对你所说的话有所怀疑,对你的信任度才会不断地增加。同时,客户在对事实说"是"的基础上,也会对你的购买请求说"是"。

3. 如何应对客户的防范心理

防范心理是每个人都会有的,当人与外界进行接触的时候,产生防范心理是再自然不过的事情。尤其是面对陌生的事物的时候,人们更易出现紧张情绪和不安感。这时,人们经常会采取一种防备和抵制"外来人"的态度,不让其靠近。在销售过程中通常表现为:语言很生硬,态度异常冷漠,给人一种咄咄逼人的架势,等等。

当客服人员遇到这种情况时,要懂得"以德报怨",时刻给客户提供一个安全的"信号"。客服人员和蔼谦恭的态度、甜美简洁的措辞,都会使客户紧张的心理得到放松,这是消除客户防卫心理比较有效的做法。

4. 识破客户的借口

遭到客户的拒绝不可避免,而你又不想轻易地放弃这笔不错的交易,这时,你该怎么办?最为聪明的做法是利用旁敲侧击的委婉方式找出客户拒绝的真正原因所在,然后针对该原因,在与客户交谈时巧妙地设计出一系列引导客户的问题,让客户在回答"是"的过程中,不断消除异议,逐渐接受你的产品。

3.3.2 真心想买货,才会嫌货

经常研究客户心理、分析客户需求的客服人员,会吃惊地发现:常常挑剔产品的人,往往是真心想买产品的人。尤其是那些喜欢不断在细枝末节上挑剔的客户,他们是最有可能购买产品的客户,客服人员此时就需要和挑剔客户"较真",耐心介绍产品的优点,请客户自己比较,使客户认为产品是物有所值的,直到客户满意。

事实上,客户在购买产品的过程中并非故意挑剔。很多时候那些客户看似不可理喻的找茬行为,实际上是"醉翁之意不在酒",客户故意寻找产品的毛病,是为了达到他们的潜在目的。比如,有的客户是为了得到更好的售后服务,有的是为了砍价而故意说产品有毛病等。明白了这些,客服人员只需要对客户的挑剔多一份耐心,多给客户一些信心,就可以吸引住挑剔型客户。

案例 3 - 8

客服：亲,您好,请问需要什么? 很高兴为您服务。

顾客：你们店里有××牌的烤箱吗?

客服：有的,××牌的烤箱有好几款,您可以比较一下,看看需要哪一款?

顾客：这款紫色的挺好看的啊。

客服：您很有品位,紫色的这款现在最畅销了。

顾客：呵呵,多少钱?

客服：4000 元。

顾客：真贵啊,便宜点吧?

客服：好吧,快卖完了,尾货可以给您打九折。

顾客：3600 元也还是太贵了啊,再便宜点行吗?

客服：真的没法再便宜了啊,这款是最新上市的,我们老板亲自定好的价格,这已经是最低价了。

顾客：是吗? 真的不可以再优惠一点了吗?

客服：要不这样吧,您看同一品牌的这一款烤箱喜不喜欢,这一款和您喜欢的那一款没太大区别,只是容量比那款小了点,更适合一般家庭的使用。其实,您选中的那款一般家庭使用是大了点,反而容易浪费电。

顾客：哦,这两款除了容量大小不同以外,其他功能都一样吗?

客服：嗯,同一品牌当然一样啊,放心吧!

顾客：那这款有紫色吗?

客服：有的,亲。

顾客：太好了,那我买了。

在案例 3 - 8 中,客服人员耐心地察觉到了顾客对于产品的挑剔,发现了顾客挑剔的根本原因——希望价格便宜。鉴于此,该客服人员给顾客推荐了一款价格和使用都适合的产品,结果自然是生意达成、双方满意。

在销售过程中,客服人员要善于运用《孙子兵法》中所说的策略:"上兵伐谋,其次伐交,其次伐兵,其下攻城。"最好的做法是令顾客满意,对于挑剔的顾客要保持良好的心态;然后选择正确策略,探寻顾客挑剔的真正原因;最后,根据顾客挑剔的原因来解决问题。在此过程中客服人员应与顾客保持良好的互动关系。总之,遇到挑剔的顾客时,保持良好的心态是完成销售目标的前提和保障。

1. 感动顾客,并努力做到使顾客满意

客服人员应在观察和分析之后,掌握顾客的实际需求、心理需求,并立即找出适合

的产品来满足顾客的需求,同时耐心细致地引导顾客,让顾客不仅满意而且还被感动,最终达成交易。

2. 真心想买才嫌货

作为客服,首先要理解:"顾客只有真心想买货时才会嫌货不好。"顾客正是因为想买产品,才会反复挑产品的毛病。因此,客服人员需要本着一种欢迎挑剔的"嫌货人"的良好心态来对待顾客,要时刻牢记顾客喜欢"挑产品毛病"是好事。对于这种"嫌货人"的多方挑剔,客服人员要多方满足其挑剔心理,只有满足顾客的需求,才能留住顾客。

3. "嫌货人"使得产品进步

如果你的产品确实有不尽如人意的地方,而这些地方很可能是连生产厂家也不知道的不足之处,那么你可以将其提出的意见和建议直接反馈给生产厂家,使产品得到改进。这使得产品尽可能满足所有挑剔的顾客的需求,大大提高产品的销售量。

曾经有位非常挑剔的顾客,对产品要求非常苛刻,经过三次退货、三次改进,才令他满意。而生产产品的企业,不仅耐心做到,还非常感谢这位挑剔的顾客。因为,经过三次改进,该产品成为同类产品中最完善、无可挑剔的产品。

对于这类"嫌货人",不仅要做到表面上的欢迎,更重要的是心理上的欢迎,努力做到使"嫌货人"满意,这也是提高自身销售能力的过程。

3.3.3 像打太极一样反驳

太极拳是一种刚柔相济的传统拳术,具有以柔克刚、含蓄内敛的特点。客服人员对于顾客的异议应该如同打太极一般,而不能以更强硬的姿态和顾客据理力争。那么,客服人员应该怎样打太极呢?

首先,客服人员应尽量避免顶撞客户,不要直接起冲突,而要巧妙地、婉转地化解对方的"戾气"。必须用委婉、含蓄的语言反驳,而不能用生硬口气直接对顾客的异议进行反驳。

其次,客服人员应学会在销售中使用太极拳,就是指当顾客气势汹汹地提出异议的时候,客服人员要善于倾听,以一种无招胜有招的方式接受顾客的异议,仔细地倾听顾客的不满、愤怒或抱怨等,然后针对性地给予解答。客服人员需要采用耐心而温和的态度,理解顾客的感受,消除顾客的怒火,最后化解顾客的异议。

倾听环节非常重要,因为只有很好地理解了顾客的异议之后,才能够做到果断排除顾客的不满,而只有迅速果断地排除顾客的不满,才可以使顾客对你产生信任感。

1. 销售太极第一式

对于顾客的任何异议,客服人员都需要认真倾听,给予理性回应。面对顾客的各种异议,客服要以温和的态度把事实摆在顾客面前,做到以理服人。

2. 销售太极第二式

对于任何异议,比如无理取闹的异议、错误的异议等,客服人员都必须倾听着,以亲切友善和真诚的态度去应对。尽管顾客的有些意见可能很荒谬,尽管你也许对顾客已经很厌烦,但是你始终要保持亲切友善的态度,以温暖化解顾客的异议,以真诚来消除顾客的敌意、抱怨或是不理解。

3. 销售太极第三式

无论顾客有什么样的异议,客服人员都应该有这样的责任感:帮助顾客解决异议。虽然有些顾客会对产品提出过高的要求,但客服人员仍要想办法给予其能够接受的解释,如果提出的异议超出了你的能力范围,你就需要告诉顾客你是愿意帮助他的,同时也要向其说明你的困难,让顾客理解你。

无论顾客有什么样的异议,都需要有客服人员真心地为之排忧解难,只有当顾客理解到客服人员是尽心尽力地解决他的异议时,他才会对客服人员产生信任。

4. 销售太极第四式

有时候对于顾客的异议,间接反驳胜于直接反驳。对于顾客的抱怨点不做过多辩解,而是巧妙地用事实说话,如同打太极一般巧妙地借力使力,顾客的异议自然化解。间接的反驳,更容易让顾客从心理上接受。

↻ **案例 3 - 9**

顾客:不好意思啊,价格太高了,我再看看。

客服:亲,现在是活动价哦,这个时机不可错过,现在看着贵,可是您使用后,给您创造的价值可远远不止这个价格呢!

作为客服人员必须要记住:以温和亲切的态度对待顾客的异议,以积极的、有责任感的热情去解决顾客的异议,解决不了的也要亲切地告诉顾客你的能力范围,然后设法提出建议。

3.3.4 多买多享受优惠

由于许多新产品的消费信息需要顾客去了解,因此客服人员要能够引导顾客购买更多的商品。许多顾客是潜在的消费者,他们并没有意识到自己是产品的消费者,这就需要客服去引导消费者来购买。

在化学反应中,催化剂虽然并不参与反应,但是却能够改变反应物的化学反应速

率。优秀的客服人员也要如同催化剂的作用一样,擅长引导顾客正确地做出购买决定。

一些潜在的顾客他们自己也不清楚自己需要消费这类产品,而有些顾客虽然清楚自己要买什么,但是并不清楚所买的商品是否适合自己的需求。对于这些顾客,客服人员应该进行适当的引导。

客服人员运用自己对产品性能的熟知度对顾客进行启发式销售,其实质就是指导顾客除购买自己需要的产品之外再购买相关的产品,促使顾客购买到更物有所值的、需要使用并帮助其创造价值的产品。

1. 给予一定的优惠

对于购买产品数量较多或者消费总额较高的顾客,客服人员可给予一定的优惠。

案例 3 - 10

顾客:我拍了牛肉干,你看一下有货吗?

客服:有货的,您放心。亲喜欢吃辣的呀,我们有款川辣味的猪肉脯要不要试一下呀?买两款零食可以包邮哦!

顾客:一次买多了怕吃不完呢。

客服:不会的呀,这两款量都不算太多的,一般一次吃一包才刚刚过瘾呢,省下来的邮费都够买半包猪肉脯了!

2. 提醒消费同类相关产品

比如,若顾客购买护肤霜,客服人员可以建议再购买相关的隔离霜,两者一起使用对于皮肤护理更加有效。针对顾客购买的一种产品,推荐其同类相关的产品,以达到某种效果。例如,客服人员在销售钓鱼竿的同时,还可以推荐比较好的鱼饵和遮阳伞等相关产品。

3. 向顾客推介更能够保值增值的辅助产品

顾客购买产品后,客服人员向顾客推介其辅助产品,使得顾客购买的产品经久耐用、发挥更大功能等。比如,当顾客购买手机等电子产品时,客服人员可再向顾客推荐手机屏保、手机壳等等。

4. 推荐顾客购买合适的量

很多顾客对于购买消费品的量并不是很清楚,客服人员此时应该给出建议,这种帮助既维护了顾客的利益,也提高了客服人员的销售量。例如,某公司管理者采购办公用品,客服人员应该推荐大量购买,因为多买可以享受优惠。

5. 合理推荐新产品给顾客

由于新产品刚上市,顾客不了解甚至不知道该产品,而这种新产品恰好能够满足

某类顾客的需要,此时客服人员应该大力建议顾客使用新产品。如果顾客对于新产品的体验良好,那么以后新产品就很容易推荐了。

6. 推荐同类产品中的优质产品

客服人员应该向顾客推荐同类产品中的优质产品,优质产品虽然价格高,但是质量更有保障。客服人员如果清楚顾客的经济实力较强,就要推荐更高档次的同类商品,这样不仅可以获得更多利润,对顾客今后的长期使用也更有保障。例如,2000元买的电脑,可能很快就会出现故障,既误事又要花钱修,而4000元的电脑基本就不存在这样的问题。

3.3.5 客户的猜疑心理

心理学专家认为:人们之所以会产生异议主要是出于怕吃亏的心理。多数人具有一种潜在的猜疑心理,会潜意识地认为别人的行为会不利于自己。例如,如果客服说某产品很好,那么他会潜意识地猜疑:"真的好吗?是想骗我钱吧?"如果客服告诉他这是最低价格了,他会潜意识地猜疑:"这肯定不是最低价格吧,他怎么会把最低价格给我呢?"

这种潜在的猜疑心理,对于顾客而言是有利的,有时可以保护他们,避免受到真正的伤害。可是这种猜疑心理不利于销售工作的进行。作为客服,我们首先要了解并认可顾客的这种猜疑心理,然后针对顾客的猜疑,采取合理的销售方式来消除其猜疑心理。

🔁 **案例 3-11**

客服:亲,您好,欢迎光临××家电旗舰店。请问有什么需要我帮忙的?

顾客:你好,我想买微波炉。

客服:我们店里有各种各样的微波炉,您想要什么样的呢?

顾客:我还不清楚呢,先多了解一下。

客服:好,那您先浏览一下,但是我想给您推荐一款很适合家庭使用的微波炉。

顾客:您推荐的微波炉多少钱一台?(顾客立即想:他推荐的产品很可能是利润爆款吧!)

客服:2088元。

顾客:这也太贵了。(顾客想:这款微波炉绝对是因为太贵没人买,他是卖不掉才想让我买啊,这么大的"亏",我才不吃呢!)

客服:那您想买什么价位的呢?

顾客:我还是先不买了。谢谢!

客服觉得很纳闷,这位顾客来买微波炉,怎么又不买就走了呢?

　　许多顾客会有这样潜在的疑惧心理,即担心自己会上当吃亏的心理,而这种心理常常会使得顾客对于客服人员的言行产生错误的推理和判断。在客服人员进行的销售工作中,这种猜疑是很大的障碍。在上述事例中,客服没理解顾客的猜疑心理,更无法把顾客的"吃亏"恐惧心理化解,结果流失了顾客。

　　我们看另一位客服是怎么化解顾客这种心理的。

🔄 案例 3 - 12

　　客服:我理解您的想法,您是担心我们的产品质量会有问题,担心购买了我们的产品以后还需要返修或者其他诸如此类的麻烦吧?

　　顾客:嗯,对啊。

　　客服:我们这款活动产品是七天无理由退换货的,另外,活动期间购买这款产品,两个月内有任何质量问题都可以无条件退还给我们,您还可以看一下产品详情页,那上面有详细的售后介绍,您可以仔细看一下再决定是否购买。

　　顾客:哦哦哦,那我先看一下。

　　客服:好的。

　　顾客:我看过了,真的可以像详情页里的售后那样吗?

　　客服:是的,这是我们的承诺。

　　顾客:那好,我买一个。

　　这位客服在销售过程中理解顾客的猜疑心理,即顾客是需要这款产品的,很想在活动期间享受优惠价格,但是担心购买了产品后会出现质量问题,担心吃亏。此时,客服需要消除顾客的猜疑和担心,这样顾客就会买单了。客服的这种积极主动排除顾客疑虑的方法是值得学习的。

　　理解并认同顾客异议的心理,是找出顾客对于"吃亏"的恐惧的关键所在。这种担心、猜疑心理也许是由于顾客在过去的购买经历中的确有吃亏上当的深刻体验,如购买大件商品后要求退货而不被接受;或者购买产品之后,发现根本不是卖家所说的那样;也许是在新闻媒体里看到了各种负面的消费报道,产生了"防御壁垒"的猜疑心理;等等。所以,顾客常常对客服人员产生猜疑心理,怕吃亏上当。

　　客服要想成功销售,首先必须消除顾客"怕吃亏"的心理。

1. 用事实说话

　　客服滔滔不绝、口若悬河地推荐产品,不一定能说动顾客。要想打消顾客的疑惧心理,最好让顾客"眼见为实",把产品的实际情况演示给顾客看。

　　一家卖地板的网店,为了让顾客看到自己家的木地板质量好,该网店打出口号"煮遍天下木地板,胜者奖励一万元",并在主图视频上录了一段煮板材的过程:在实体店

门口,店主摆了一口大锅,锅里放上热水以及自己的板材,一会儿就引来了很多围观的人,其中有不少人上台加大火力想把板材煮变形,但都失败了。

店主清楚地了解顾客买木地板的顾虑,即担忧木地板变形,于是用"煮板"视频消除了顾客的疑虑,让顾客不再担心吃亏上当,同时也告诉顾客,这是我家木地板贵的原因。顾客懂得一分钱一分货的道理,反而增加了销售量。

2. 细心观察、了解顾客心理

客服只有取得了顾客的信任,与顾客的交易才能顺利完成。客服人员在销售过程中不仅要在语言上做到细致、周到、礼貌、亲切,而且要在沟通过程中了解顾客的心理,及时发现顾客的疑虑,然后根据顾客的疑虑,采取合适的方式消除疑虑,并使得顾客信任自己,从而顺利完成交易。

如果顾客觉得价格太高,那么客服人员可以明确地告诉顾客:"由于我们产品质优,而且是新款,价格体现了科技含量。如果您购买的量足够大的话,可以适当优惠。"总之,客服人员要随时注意观察顾客,理解顾客的心理,同时运用适合的策略促使交易顺利完成。

3.3.6 消除顾客对产品的偏见

顾客在购买产品的过程中,不免会提出各种关于产品的异议,其中一些异议可能是正确的,有益于产品质量的提高和改进,但有些异议可能是不正确的,这种异议主要源自顾客的偏见。客服必须及时纠正顾客的这些偏见,因为这些偏见是顾客购买产品时的主要心理障碍。

对于顾客的偏见客服要持一种接纳的态度,尽管有时候顾客的偏见让客服觉得很荒谬,但是仍然需要为顾客做正确的、耐心的、合理的介绍,最终消除顾客的偏见。消除顾客偏见的常用方法是:先对顾客的偏见给予肯定,然后巧妙运用转折的方法改变顾客的视点,最后达到扭转顾客偏见的目的。

对于顾客可能对产品提出的各种偏见,客服人员应该做到心里有数,只有这样,在顾客对产品出现偏见之后,客服才能够轻松应对。最好的做法是把可能会产生的偏见,在顾客还未提出时,就一一给予详细的解释。这样做不仅是把诚实可靠的品质展示给顾客,而且还能有效消除顾客的偏见。比如:"如果您对产品质量还有顾虑,请看产品质量认证书,如果还不放心,您可以试用三个月,试用期间如有损害,我们承担后果。"

🔄 **案例 3 - 13**

顾客:你们家的产品,我在网上看到很多家都在卖。

客服:亲,是的哦,但是我们家的产品我们自己最了解哦,品质是可以给您保

障的。

  顾客：你们有什么特别的地方吗？我看图片都一样，价格也差不多。

  客服：亲，我们的衣服是完全防水，并且透气的哦，您可以将衣服盛满水，放置一个月都不会漏水的哦，并且倒掉水后，在衣服一面用风扇或者吹风机吹，另一边是会有风的哦。

  顾客：哦，那很不错。如果我买来，七天内有问题的话，还可以退吗？

  客服：当然可以。

  客服人员应该以尊重顾客为前提，能从顾客的角度去思考问题，让顾客体会到客服在为自己着想，这样顾客才会理解和信任客服。宽转弯、勿触棱，无论客服使用什么样的方式来消除顾客的偏见，其目的都是让顾客高兴地接受自己的产品。

  顾客对产品有顾虑，客服需要及时了解到顾客的顾虑，设法引导顾客说出顾虑，用事实说话或者用各种方式证明顾客的疑虑是偏见，同时消除顾客的偏见，最终达成交易。

  一位客服在卖高压锅时，是这样消除顾客的偏见的：

🔄 案例 3 - 14

  客服：新品高压锅，您做饭的好帮手，省时省电，还可以快速煮、炖各种食物。

  顾客：这么好吗？不过我平时不怎么用。

  假如客服一看顾客没什么兴趣就放弃了，那么就很难有订单成交。这位客服立即想知道顾客对他们产品的看法，然后看自己是否能够解决，如果能解决，不就可以交易了吗？

🔄 案例 3 - 15

  客服：亲，您能说说您对高压锅有什么样的要求吗？为什么不常用呢？

  顾客：高压锅虽然煮、炖东西快，但是气压太高，太危险，而且容易坏掉，你这个价格也太贵了。

  客服：您说的这些我很理解，可是您看，我们这个高压锅的价位高，其实关键在于我们的质量好，而要生产出质量好的产品，就需要用质量好的材料，成本自然就高。虽然价格高，但是产品的质量有保障，那您还担心危险或会坏掉吗？我们这款高压锅价格的确高了点，但是质量绝对可靠，而且价格并不是高得不靠谱，您说呢？

  经过客服的一番详细解释，顾客的顾虑在逐渐减少。

案例 3 – 16

客服：这款高压锅使用了优质的进口材料,传热快、导热强,省时省电,您看看产品的质量保证书。您有什么疑虑,我都很乐于帮您解决。

顾客：这种产品有没有售后服务?

客服：当然有,购买三个月内包换,终身保修,请看产品的保修合同。

顾客：很不错嘛,那我买一台。

如果客服能够完全消除顾客的疑虑,那么产品还愁卖不出去吗?客服的任务不仅是要做产品的说明、介绍,还要消除顾客的偏见,扫除顾客的知识盲点。

1. 引导顾客道明偏见

首先对于顾客拒绝购买产品的行为,客服应该及时了解顾客不购买行为背后的原因。这就需要客服引导顾客说出疑虑,只有顾客道明了心中的疑虑之后,客服才能根据其疑虑进行解释。所以客服首先必须善于倾听顾客的不满和对于产品的各种偏见,然后对症下药。

引导顾客说出心中的疑虑,要让顾客把对产品的不满一吐为快,因此客服要耐心倾听,使顾客感到你在重视他的意见。对于这种重视,顾客会感到贴心。

2. 介绍、解释和说明,消除偏见

任何产品都不是十全十美的,顾客对产品有偏见是很正常的,但如果客户的偏见与事实相悖,那么此时客服应该正确理解偏见,然后进行正确的介绍、解释和说明,以此来消除顾客的偏见。对于客户提出的一些关于质量、性能、功用等方面的偏见,客服需要正确分析,然后正确消除偏见;对于客户提出的其他关于尺寸、颜色等方面的偏见,客服则可以通过满足客户要求等方式予以解决。

3. 要以礼貌和蔼的方式消除顾客的偏见

在消除顾客偏见的过程中,客服尤其要注意语气不能生硬无礼。尤其是在面对顾客的那些反面异议时,客服不仅需要注意自己的语气,还要注意自己的态度。不仅要照顾到顾客的自尊心,还要顾及顾客是否能够接受自己的建议。因此,客服必须运用温婉平和的语气、亲切和蔼的态度来消除顾客的偏见。

无论何时,客服都必须以尊重顾客为前提,以亲切和蔼的态度对待顾客的偏见,以温和礼貌的语气进行解释,最终愉快地消除顾客的偏见。

第四章

销售技巧——轻松搞定客户

4.1 让客户相信你

4.1.1 给人的第一印象,别打折

作为一名合格的客服,我们必须谨记:"第一印象决定成败。"销售心理学家曾经做过这样一个实验:让两名同等水平的销售员去推销完全相同的产品,并且让他们以不一样的形象出现在同一个顾客的面前,从而给顾客留下不一样的第一印象。最终的结果显示,这位顾客与给他留下良好第一印象的那位销售员进行了非常愉快的交谈,并且很高兴地将他的产品买下来,而对另一名第一印象不佳的销售员却不理不睬。

网络销售过程也是如此,虽然客服与顾客是在网上交谈,见不到对方的形象,但是第一印象的开场白依然很重要。如果给顾客的第一印象较差,那么即使你的沟通能力再强、表现再优秀,也很难说服顾客购买你的产品了。因为顾客在第一印象中就没有接受你这个人,那么自然也就不会接受你的产品了。

我们来看下面的案例。

 案例 4 - 1

顾客:粉色的还有货吗?(时间:18:15:14)

客服:您好,欢迎光临××店,我是 10 号客服圆圆,很高兴为您服务。(自动回复)

顾客:有货吗?(18:17:14)

客服:有货的。亲,您下单吧!(18:30:26)

顾客:你回答得太晚了,我已经在其他家定了哦!(18:30:50)

这个案例是顾客第一问至客服回复之间的时间出了问题,在电商时代,网络聊天的速度很重要,首问响应的时间应在黄金六秒内。这里的黄金六秒不是指自动回复,而是指人工回复,也就是说需要客服在顾客发出问题的第一时间迅速给予回复。

案例 4-2

顾客:在吗?

客服:您好,我是9号客服芳芳,欢迎光临××店,很高兴为您服务。(自动回复)

客服:您好,请问有什么能帮您的吗?

顾客:请问×××有几种颜色?

客服:一种。

顾客:什么颜色?

客服:白色。

顾客:灰色没有了吗?

客服:没有了。

顾客:哦,生意兴隆哦!

客服:谢谢。

在这个案例中,客服的回答是一种"三字经"式的回答,很刻板。顾客问一句,客服回答一句,而且客服是用了极为简洁的语言,这样的回复给顾客的第一印象是非常不礼貌的。网络时代,很多店铺产品交易完成后,顾客给了中差评,有些中差评不是因为产品不好,而是因为客服的服务态度不好。像上述案例中的回复,很容易引起顾客的不满,即便交易最终完成,顾客也可能会给出中差评。

案例 4-3

顾客:老板在吗?

客服:您好,小店欢迎您的光临,有什么可以帮您?

顾客:你家那款白色雪纺连衣裙还有吗?

客服:抱歉没有了,不过现在我们还有一款很不错的雪纺连衣裙,您要不要看一下?

在这个案例中,客服很有礼貌地接待了顾客,在没有货的情况下,又为顾客进行了相关推荐,这是作为客服必须要做到的。

在开场白环节,建议客服应该使用规范、标准化的迎客语,同时礼貌待客,并配以合适的旺旺表情,提升店铺在客户心中的专业形象,同时应设置好自定义签名,做好关联销售,有效提升呼入转化率。

4.1.2 客户的耐心只有三分钟

交谈中最困难的事情就是打破沉默的气氛。在客服与客户的沟通过程中,往往会出现冷场。

案例 4 - 4

顾客:请问这款婴儿车能躺吗?

客服:亲,您好,我们这款婴儿车是可坐可躺的!

在上述案例中,客服在等着客户提问,可若是客户不说话了,那么这时客服该怎么办?

在客服与客户沟通时,前三分钟是客户倾听最专注、精神最集中的时候,也是客户对你建立第一印象、做出判断评价的时候。短暂而重要的开场白,决定了你是否拥有与客户继续交谈下去的机会。所以把握好前三分钟,你就有可能打造一个良好的开端。

针对案例 4 - 4,我们看一下一位资深客服的应对:

案例 4 - 5

客服:亲,您家宝宝多大了? 看到您的旺旺头像,好可爱的宝宝,他是您的宝宝吗?

顾客:是呀,我宝宝五个月了。

客服:恭喜您呀,有这么可爱的宝宝。现在天气渐渐回暖,适合宝宝外出呢! 多外出走走,呼吸一下新鲜空气,宝宝会很开心的!

顾客:嗯嗯,我也是这样想的,所以想买个婴儿车。

客服:亲,您的宝宝马上六个月后,就会坐了,建议您买这款可坐可躺的,我们这款现在春季搞活动呢,简单、轻便,您偶尔一个人带宝宝出门,拎起来也不累呢!

顾客:哦,这么轻,那会不会不结实?

客服:亲,这个您不用担心,我们这款产品用的是最新研制的高科技材料,它轻便、牢固、环保,是一款新产品。已经做过承重实验的,20 公斤的宝贝坐上去都没有问题。

顾客:这样啊,看起来很不错。

客服:是的,亲,我们这款产品现在搞活动,比平时的价格便宜很多呢!

顾客:好的,我买粉色那款。

客服:亲,我马上给您安排发货,祝您和您的家人生活愉快,祝宝宝健康成长!

在这个案例中,这位优秀的客服通过询问客户宝宝的情况打破了冷场局面,赢得了客户的好感。

一个好的开场白能给客户留下深刻的印象,吸引客户倾听你的介绍,购买你的产品。要想让这个成交的过程顺利发展,还需要注意以下一些要点。

1. 开场白的步骤要层层递进

第一步,要感谢客户光临你的网店;

第二步,完美的自我介绍和必要的问候;

第三步,找到契机跟客户拉近距离;

第四步,自然地引进产品介绍,并告诉客户该产品将给他带来的益处。

2. 开场白的方式要别具一格

开场白的方式有很多种,有的是通过引发客户的兴趣来打开话题,有的是通过向客户提问来找出客户的真实需求,有的是通过赞美客户来博得客户的青睐。总之,无论你采用哪一种开场白方式,只要能达到出奇制胜的效果,就是好的开场白。

3. 开场白要有亲切感

在销售过程中,要把你的客户当成朋友一样来对待。你的语言要能让对方产生亲切感,你可以这样说:"您的宝贝几岁了"或"下周要降温了,要注意保暖"等。开场白的时间是很短的,要想成功地销售产品,让客户认可你的产品,就要利用好开场白,亲切地与客户进行交流,客户只有先接受了你,才会接受你的产品。

4.1.3　不谈生意谈感情,不谈交易谈交情

语言,有时一文不值,有时却是解决问题的灵丹妙药。在销售过程中,语言所带来的感情投资,能够迅速拉近客服与客户之间的距离,减少彼此间的陌生感。

在销售过程中,客服被冷落的场面总是时不时地上演,这也许就是客服本身的问题了。客服与客户交流的第一句话,就要让客户感受到热情。最重要的一点是,交谈过程中不能出现冷场,一旦和客户之间的交流出现冷场,生意十有八九做不成。这时候就可以看出和客户寒暄的重要性了。

寒暄是人与人交往中必不可少的内容,也是一种语言的艺术。比如,迎客的时候需要寒暄,交流过程中需要寒暄,快要冷场时也需要寒暄。寒暄能起到占用时间的作用,能占据客户的思考空间,最起码不会让那种不愉快的情绪继续发酵下去。寒暄也可以看作没话找话,说得好就能让买卖继续下去,说得不好则可能直接断送一名潜在的客户。一个与客户交谈的良好开端,有助于激发客户的兴趣。即便最初客户的购买意向并没有那么强烈,但好的寒暄能够转换客户的购买思维,从而打开与客户进行交易的大门。

⟳ **案例 4-6**

顾客：在吗？

客服：欢迎光临××店，我是客服朵朵，很高兴为您服务！请问有什么需要帮忙的？

顾客：请问哪一款宝宝牙胶比较好？

客服：亲，这款是我们店里卖得最好的，材料是德国进口的，非常环保，很多顾客反映，宝宝非常喜欢。请问您的宝宝几个月了呢？

顾客：四个月。

客服：哦哦，恭喜您啊，这个月份的宝宝最可爱了！

顾客：谢谢！

客服：这段时间宝宝口水比较多吧？

顾客：是呀，口水超多。

客服：亲，宝宝快长牙齿这段时间口水都很多的，牙床会有点不舒服，需要咬一咬牙胶，磨磨牙床。

顾客：是的呢，所以想给宝宝买个牙胶。

客服：嗯嗯，我们这款牙胶是环形的，宝宝拿着很方便呢，不容易掉。环形上带五个可爱的手指头，可以用来咬，像个小玩具，宝宝拿着都爱不释手。

顾客：看起来不错。

客服：嗯嗯，现在这款在做活动，亲买去很划算哦。

顾客：那我买一个。

客服：好的，我马上给您安排发货。亲，您的宝贝口水巾够用吗？我家的口水巾也很不错，给亲推荐一款××。宝贝好动的阶段，口水巾在脖子上总是扭来扭去，一般的 U 形口水巾接口水的这面很容易被宝贝转到后面去。而我们这款环形的，一圈都可以接口水，不用担心宝贝弄湿衣服。

顾客：哦，难怪，我家宝贝的口水巾就是 U 形的，经常弄湿衣服。

客服：您可以看看我们这款哦，全棉的，三个装，宝贝这个阶段最好多准备一些，每天换 7、8 个都不算多呢！

顾客：嗯，你说的不错，我家一天有时候要换 10 个呢！

客服：哇哇，好能干的宝宝。我儿子也差不多要换这么多！（偷笑）

顾客：我说你怎么这么了解。（握手）

客服：遇到知音了。（微笑）

顾客：（握手）

客服：以后多多交流哦！

顾客：好的，我先下单！拜拜！

客服：期待下次交流！（握手）

不谈生意谈感情，不谈交易谈交情。客服要善于发现客户的特点，利用一些寒暄用语，争取和客户成为朋友，打开客户的心扉。言路一通，交易成功自然就变成了水到渠成的事情。

寒暄说起来容易，做起来却没有那么容易，关键在于怎么说才能说得好、说得妙。

1. 得体最重要

在与客户说客套话的时候，客服要表现得很自然，要让对方感受到你说的话是真诚的，过于做作的客套极易引起客户的反感。

2. 倾听客户，顺从客户

"客户就是上帝"，这句话所有的客服都明白，但是在实际销售过程中，许多客服不由自主地将交谈变成了唱独角戏，即便是寒暄赞美客户，也经常是只顾着自己说，而客户很少有机会能加入交谈，这样的说话方式是很难引发客户兴趣的。更有甚者，一些客服还会对客户的选择发表自己的看法，比如"这件衣服很漂亮，但是不适合您"等，这样的话很容易让客户觉得自己的选择没有得到尊重，从而引起客户的反感。

3. 触景生情

寒暄要表现得随意些，如果客服说一些八竿子打不着的赞美之词，即便符合客户的实际情况，也总让人觉得这样的赞美肤浅、生硬。有时候，一些看似随意的话题更能表现客服的真诚。

总之，小小的寒暄所创造出的价值是不菲的。寒暄也有好坏高低之分，客服掌握好寒暄的运用技巧，将会给其销售之路带来巨大的裨益。

4.1.4 赞美要恰当

著名的心理学家阿伦森认为：人们大多喜欢对自己的行为或态度表示赞赏的人，而反感对自己持反对态度的人。后来，这个看法被应用到销售学当中，就成了著名的阿伦森效应。

但是在现实中，并不是每个客服都能自如地运用赞美。在客户看来，所有的客服人员都有一套类似的说辞。如果客服都在用那一套说辞，难免会让人感觉到厌倦，甚至是反感。所以，客服若想在竞争激烈的行业中站稳脚跟，就要学会审时度势，有创意地赞美你的客户，让客户感受到诚意，使客户心甘情愿地与你交流。

比如,当赞美一位漂亮的小姐时,你可能会说"你真美丽"这样的大众语言。虽然你的赞美十分真诚,但是效果可能并不好,甚至可能引起别人的反感。因为她已经听腻了这样的话。反之,如果你换个方式,比如夸赞她的发型或是衣着,这样可能会取得意想不到的效果。

因此,要想让客户喜欢和你交流,就要从独特的角度出发去赞美客户。这样才更容易在庞大的销售队伍中脱颖而出,引起客户的关注,最终获得成功。

案例 4-7

背景:顾客在××家居店挑了很多宝贝,结账时发现超支了,不想买那么多。

顾客:我再挑挑吧,有些现在还不需要,买多了也是浪费。

客服:好的亲,您真是持家有道!

该客服的一句"持家有道"赞美得很恰当。一般来说,女性在购物时,尤其是在购买居家产品时,经常出现买过量的情况,她们看着网店里的各种产品认为都有购买需求,一旦冷静下来就会发现其实很多东西是可买可不买的,而且很多时候买多了也是一种浪费。这时,客服见机行事,恰当地赞美客户"持家有道",客户听了心里一定很舒服。

所以,如果你想和客户拉近距离,让客户在短时间内接受你,那么你就要找到客户身上不被他人注意的优点,并用自己的方式赞美对方。

1. 赞美要出于真诚且把握闪光点

不真诚的赞扬会给人一种虚情假意的印象,或者会被怀疑有某种不良的目的,被赞美者非但不感谢,还会讨厌。言过其实的赞扬,不实事求是,会使被赞美者感到窘迫,也会降低赞扬者的诚信度。虚情假意的奉承对人对己都有害无利。

有这样一则故事:一个国王有一只眼睛是瞎的,而且还有一只脚是瘸的,有一次国王找了很多人来给他画像。第一个画家很实在,就按写生的画法,照实画,国王知道这是自己真实的样子,但是画像的确太丑了,第一个画家被杀了。第二个画家战战兢兢,把国王画得英明神武,国王觉得这是对他的嘲讽,第二个画家也被杀了。第三个画家很冷静地画完,国王看了以后很高兴,赏了他很多财宝,大家知道画的是什么吗?第三个画家画的是国王拉弓射箭的情景。所以赞美不是说最好听的话,如果说的不在点上,对方还会反感。

2. 赞美要把握时机

客服人员应尽可能地去发现客户身上的优点,并抓住时机,积极反馈给对方。对方的一个表情、一个动作,说的每一句话,做的每一件事,你都要看在眼里,记在心里。

比如:"陈小姐,我发现您真有眼光,这衣服穿在您身上实在太合适了,当然关键是身材好,要穿在别人身上就不见得这么得体了。"

3. 力争是第一次发现

你所发现的客户的特色、潜能、优势最好是别人没有发现的,甚至是他自己都没发现的部分。这样,你的赞美会使他恍然大悟,瞬间增强信心,从而对你产生好感。

通常,很多事情的"第一次"对我们来说总是显得那样美好,比如,第一次恋爱、第一次接吻等。因此,在言及客户的优点时,如果客服能第一次发现他身上的优点,那么对于客户而言,这无疑是个惊喜。

4. 间接恭维

引用他人的评价,对客户既成的事实加以赞赏,被称为"间接恭维"。这证明你对他的成就、声誉有所了解,对方会欣然接受你的赞赏。

比如:"您女儿长得可真漂亮,跟妈妈好像哦。""王总,您这块表看起来很特别,戴您身上很合您身份!"

5. 含蓄性的赞美

有时针对特定的环境,过于直接露骨的赞美会让人感觉很肉麻,而抽象含蓄的赞美则会使人心情愉悦。

比如,你赞扬客户:"你的眼睛好漂亮。"如果对方不这么认可,这就成了一种"讽刺",所以倒不如说:"你气质很好。"这样能有更好的效果。

6. 直观性的赞美

初次相识,可较多地使用这种方法。从客户的外表入手,对其着装、外形、学识等多方面进行适度的赞扬。

比如:"陈小姐,您的丹凤眼真漂亮,我从小就希望自己能有双丹凤眼,可现在只能望着您的眼睛兴叹!"

7. 寻找对方最希望被赞美的内容

每个人都有自己的闪光点,有自知优越的地方,他们期望得到别人公正的评价。

比如:"王总,没想到您这么年轻事业就如此辉煌,我真是太敬佩了!"

4.1.5　培养幽默感

一个幽默感十足的人,无论走到哪里都会受到大家的欢迎,因为大多数人都喜欢和幽默的人相处。曾经有一个销售心理学家通过研究发现,那些成功的销售人员,大多数都具备一定的幽默感,这种幽默感让他们在工作中更加顺利。幽默不失为一种巧妙而又恰当的销售手法,它可以让你的工作变得轻松而有趣。

试想一下,如果你和一个重要的客户在交流时,由于某种原因出现了冷场,这时,你说出一两句幽默的话,僵局就会很快被化解,你和客户之间的交流也就能顺利地进行了。相反,如果你是一个不苟言笑的人,在这种情况下,局面会怎么样呢?最严重的结果或许就是销售失败,你很难获得客户的认同。

在销售过程中,客服与客户之间,难免会出现冷场、尴尬的局面。这时候客服就需要用幽默这个武器来化解危机。适时的幽默不仅能够让人觉得你很风趣,同时还能帮助你脱离困境。所以,如果客服能够适时地"幽上一默",自然会给客户带来欢乐,不愉快的氛围也会随之消失。

美国心理学家特鲁·赫伯曾说:"幽默是一种最有趣、最有感染力、最具普遍意义的传递艺术。"所以,要想成为一名优秀的客服,不妨从幽默做起,让自己时常保持幽默。客服在拜访客户时,可多用幽默打破紧张沉默的局面,营造一种轻松愉悦的氛围。培养幽默感,可以从以下几个方面着手。

1. 体会幽默的真实内涵

幽默,指有趣或可笑而意味深长。幽默是一种语言的艺术,俗话说得好:"话有三说,巧说为妙。"幽默不是油腔滑调,也不是嘲笑或讽刺。幽默是一种高水平的说话方式。想要学会幽默,就要多修炼自己的内心,不断雕琢自己说话的文法和方式。

2. 扩大自己的知识面

要想变得幽默,需要掌握不同方面的知识。幽默的基础是丰富的知识。一个人只有对很多事情都有所了解,才能做到言语收放自如。所以,要想培养自己的幽默感,就要不断涉猎各类知识,不断充实自我,不断从书籍中汲取幽默的素材,从名人趣事中吸取幽默的精髓。

3. 培养深刻的洞察力

要想自如地运用幽默,需要具备敏锐的洞察力,因为只有这样,你才能发现事物的微小变化,迅速地捕捉事物的本质,以恰当的比喻、诙谐的语言诠释出来,进而使他人产生轻松的感觉。

其实,除了语言之外,人的表情和动作,比如一个善意的鬼脸、一个令人捧腹的动作等,都可以构成幽默。你只有平时多加琢磨和练习,才能找出那些令客户开心一笑的表情和动作。需要注意的是,幽默要有度,不能过分使用,否则,很有可能因为使用不当而弄巧成拙。

4.2 拉近与客户的距离

4.2.1 换个角度，别有洞天

一个成功的客服一定要学会站在客户的立场上思考问题，设身处地地为客户考虑，这或许就是对客户最大的帮助和尊重。因为客户有时候不一定知道自己面临的问题有哪些、应该如何解决，所以在服务客户的时候，我们要试着多了解客户的真实想法，和客户站在同一条阵线上，这样才能取得双赢。

懂得转换身份立场，就是要做到将心比心。客服要学会换位思考，这样才能更加了解客户的真实想法，拉近与客户之间的距离。所以，要想在销售行业干出一番事业，就要学会换位思考。

在销售的过程中，许多人都是想着怎么样才能获取最大利益。在这条原则的引导下，很多人会千方百计地去损害客户的利益：不惜让客户购买质量差但是价格高的商品；或者是卖完之后就感觉"万事大吉"，事情已经与自己无关了，对客户在使用过程中出现的任何问题都不闻不问……

客服人员会发现，这样做虽然可以带来短期收益，但是从长远来看，并没有什么好处。因为，如果客户的利益受到损害，那他一定不会再相信客服人员，这样他们之间的关系就被破坏，客户的流失也就是必然的了。所以，在销售过程中，客服人员最好能够通过换位思考来解决客户的问题，而不是做"一锤子买卖"。这样客服与客户之间的关系才会更加稳固、更加长久。

一个成功的客服要学会跟客户站在同一阵线上，了解客户的真正需要，只有双赢才是持久之道，才能使你与客户之间的关系更加紧密。

🔄 **案例 4-8**

顾客：老板，给我推荐一套日常护肤品呗。

客服：您好，亲，很高兴为您服务！亲，我们先来了解一下您的肤质好吗？

顾客：好的，我是干性皮肤，平时对精油过敏。

客服：好的，亲以前都用什么品牌的护肤品呢？

顾客：我以前用的是×××家的清润保湿系列。

客服：好的，亲，今天我给您推荐一套××品牌补水保湿系列。您是干性皮肤，需要每日进行补水，我们这款产品保湿效果很不错哦，是本店的镇店之宝呢！这两天在

做活动,现在买一套很划算的呢！价格也不贵,亲,可以看看哦！

顾客:好的,我看看。这套有没有顾客用了过敏的呢？我最怕过敏了！

客服:目前,我们已经销售有5000套了,至今没有顾客反映有过敏现象,亲大可放心哦！

顾客:好的。我看你们店里××款也是保湿系列,效果怎么样呢？

客服:是的,××款保湿效果也不错,不过这款更适合年龄在30岁以上的女性,价格比较高,而亲只有22岁,您可以先买上一款回去试试,如果亲觉得我家的产品还不错,以后可以经常光顾小店哦！

顾客:哦,这样啊,那我先买一套试试。

从以上例子不难看出,该客服坚持了"为客户着想"的理念,最终赢得了客户的信任。其实,客服和客户的交流过程,就是在向客户提供服务和帮助,为客户排忧解难的过程。所以,要坚持"一切为了客户"的原则。那么,当客户意识到你是在为他服务,而不是单纯想赚他的钱的时候,客户才会信任你,并降低自己的心理戒备,从而接受你的产品。

客服人员要时刻为客户着想,把客户的利益放在最前面。这样你不但能获得客户的信任,还能从客户那里获得有用的信息。所以,要想成为一名优秀的客服,就要和客户建立感情,做好长远的打算,做长久生意。有了老客户和新客户的加入,你才能轻松自如地取得好的销售业绩,成为一名优秀的客服。

4.2.2 语言要有亲和力

美国最杰出的推销员之一、百万圆桌协会成员、世界首屈一指的销售点子大王齐格·齐格勒曾经说过:"真正优秀的销售员对客户的取悦都是发自内心的、真诚的、善意的,正是因为如此,他们才让客户更喜欢靠近。而我以前总是怀疑他们是不是因为什么诡计才对我好,这是我私下的一点偏见,但是只有你成为销售员才能了解此中真意。"

与拿破仑·希尔齐名的世界励志成功学大师奥里森·马登说道:"礼多人不怪,你呈现在客户面前的言行举止始终表现得礼貌大方,不但能让客户在别人面前很有面子,而且还能让他的心里有一种被尊重的感觉。礼貌不是客户的职责,但是如果你运用了它,就会让客户乐意亲近你。"

世界顶尖推销大师、销售咨询培训专家马里奥·欧霍文的销售名言是:"每个人都有自己独特的人格魅力。只要我们真正懂得欣赏他们的这些特点,运用正确的方法来表述,相信大部分客户都会感到高兴和满足的。"

美国著名保险营销顾问弗兰克·贝特格说道:"最关键的是你如何让他们接近你,

你与客户的距离决定了你在他们心中的价值。没有语言的亲和力,又怎么会和客户搞好关系? 如果你和他们的关系很疏远,又怎么可能让他们买你的产品?"

在销售中,和客户沟通是一个很重要的环节,在沟通中如果你的语言充满热情和亲和力,那将是一个很大的优势。推销的目的是把产品卖出去,但推销的过程并不仅仅局限于商品的谈论,而是要通过你或温婉或激情或自然或爽快的语言传递给客户一种友好的情感,这样你才能获得成功。

1. 客服态度要热情

(1)慎用快捷短语和自动回复

快捷短语和自动回复虽然能简化客服的工作,但是两者均为机械化操作,比较生硬,用得不好则会让客户反感。

案例 4-9

顾客:亲,请问这款能便宜点吗?

客服:(自动回复)本店默认圆通发货,需要中通、韵达发货的请留言备注,新疆、西藏不包邮。能拍的都是有货的,发货时间是下订单的 72 小时内,本店是小本生意,不议价的,谢谢。为了尽快给大家安排发货,我们会先把单子打出来去排队发货,所以大家看到发货了可能只是拿去仓库排队了,具体要以出物流记录为准,相信各位亲们一定可以理解的。

该案例的自动回复是一种不经过大脑的行为,很容易引起顾客的反感。

针对案例 4-9,有些店铺在首问时会设置类似的通知。如果这样设置,客服需及时跟进,如马上回复客户提出的问题,或马上回复客户:"亲,在的,有什么能帮上您的吗?"而如果此时客服不在线,那么就会造成不好的客户体验。

(2)会用礼貌用语

在交流过程中,客服要运用礼貌用语,如"请""麻烦您""谢谢"等。这些词语是和客户建立融洽关系以及提高客户忠诚度的有力言辞,这些话说起来不仅方便简单,而且很容易愉悦客户的心。

当你向客户表达感谢或是施以礼貌的请求时,你在客户心中的地位和价值就已经有所提升了。多说"请"和"谢谢"不但有利于提高自身的修养,更有助于获得客户的订单。

要想获得客户的好感,首先要让他产生宾至如归的感觉,让他感受到你的亲切和关怀,这样事情就好办多了。

2. 不直接否定客户

(1)不顶撞客户

"客户虐我千百遍,我待客户如初恋。"在网络销售中,有时候会遇到一些无理取闹

的客户,他们可能会提出一些不合理的要求,作为客服,任何形式的与客户争执、对骂等行为都是不可取的。

(2)以肯定的方式表达否定的意思

在交流中,直接的否定在表达情感和观点时显得很伤人,但是客服在面对客户的讨价还价、对产品的质疑等情况时,是需要否定客户的。此时客服可以肯定的方式表达否定的意思,这样做更容易让客户接受。

🔄 案例 4－10

顾客:你们家的产品就是没有人家 M 品牌好。

客服:M 品牌确实有知名度,不过我家的产品性价比更高。

在该案例中,客服先认同客户,然后从客户的语言中引申出对卖家有利的部分进行发挥。通过以上案例我们可以看到,客服既没有直接否定客户,又维护了自己产品的利益。

3. 语言要清新委婉

如果你的语言尖酸刻薄、锋芒毕露,自然会使得客户远离你;如果你能像太阳一样给别人送去温暖、给别人带来光明,自然会受到每一个人的欢迎。如果你想博得客户的欢心,你的语言风格就要清新委婉。我们看下面的案例。

🔄 案例 4－11

顾客:亲,这款连衣裙我穿合适吗?

客服:亲,请问您的身高、体重各是多少? 我帮您看看!

顾客:好的,我身高 156cm、体重 55kg。

客服:哦,不好意思,这款连衣裙不适合您。

我们看到,这样直接否定客户的做法是不可取的,这样的话语也是十分伤人的,相信这个客户再也不会光顾这家店了。我们看看另一个客服是如何处理的:

客服:亲,我个人认为这款连衣裙不太符合您的气质,我再给您推荐一款能衬托您气质的连衣裙怎么样?

可以看出,这位客服委婉地表达了这款连衣裙不适合这位客户,同时又继续推荐了适合的产品。这样的表达,客户肯定会欣然接受,并相信客服能推荐一款适合自己的产品。语言,有时候就是这样有魔力,同样是表达否定的含义,但因为表达方式不一样,给人的感受完全不同。

案例 4 - 12

顾客：你好,请帮我办理一下退款。

客服：亲,现在财务不在,退款办不了。

这也是一句很伤人的话,我们看另一位客服的回复:

客服：亲,现在财务不在,我帮您蹲守在这里,等财务回来,马上给您安排。

这样的话,相信任何一位客户都能愉快地接受。

4.2.3 客户喜欢什么就跟他聊什么

著名的销售大师杰弗里·吉特默曾经说过:"如果你找到了潜在客户的共同点,他们就会喜欢你、信任你,并且购买你的产品。"客服在工作时要学会发现客户与自己的共同点,这样就容易形成共鸣。

人属于群居动物,大多数人都喜欢和与自己有交集的人相处。所以,客服在与客户沟通过程中要注意和客户产生交集,这样可以让客户顺利地接受你和你的产品。

1. 寻找相同点

社会是一个相互联系的整体,在这个整体中,有很多相同或相似的地方,比如生活环境、家庭背景、工作性质、兴趣爱好、生活习惯,甚至对某件事的看法等。要想和一个陌生人找到相同点,并不是一件容易的事。首先,客服要做好详细的调查,弄清客户的基本情况,比如客户的爱好、感兴趣的人、喜欢的东西等,然后在这些事物中寻找与自己的相同点。利用闲暇时间多培养自己的兴趣爱好,这样在面对不同的客户时才更容易找到共同点。有些时候,客服并不是缺少和客户相同的爱好或者兴趣,只是自己没有发现而已。所以,需要认真观察,用心思考,只有这样才能快速建立与客户之间的联系,做好销售工作。

2. 寻找建立共同点的基础条件

要想和客户建立共同点,客服的知识面要广,或者是对某一方面有较为深入的了解,这样才能顺利地与客户进行交流。如果客户和客服双方对某方面的问题比较感兴趣,那就可以花一些时间去讨论,然后客服再在合适的时机切入销售工作的主题,这样就可以显得很自然;如果有些话题有展开讨论的需要,那么客服就要及时地和客户展开讨论,但是要注意,讨论要有度,在拉近距离后及时回到销售话题上,趁热打铁,促成交易。

案例 4 - 13

顾客：在吗?

客服：亲,在的,很高兴为您服务,请问有什么需要帮忙的?

顾客：这款奶瓶是什么材质的？

客服：您好，亲，这款是玻璃的。

顾客：环保吗？

客服：亲，目前玻璃奶瓶是最环保的。您可以看一下，这是这款奶瓶的质量保证书。

……（顾客沉默不说话）

客服：亲，您的宝贝多大了？

顾客：一岁半。

客服：哦哦，会跑了吧？真好。

顾客：是的呢，就是大人累一点。

客服：累的，大人要追着跑，不过宝贝这个阶段最好玩了！

顾客：嗯嗯，很可爱的。

客服：恭喜您。请问您的宝贝现在一天喝几顿奶？

顾客：早中晚各一顿。

客服：哦哦，其实宝贝大了以后可以买PP（聚丙烯）材质的奶瓶，这种不会摔破。玻璃奶瓶虽然耐高温、环保，但是宝贝大了之后容易摔破，还是要小心点。

顾客：是的啊，奶瓶刚刚被宝贝摔破了呢！所以打算再买一个。你说的PP奶瓶环保吗？

客服：亲，这个请放心，我们是有质量保证的，PP材质既环保又耐摔。每周消毒一次就可以了。

顾客：哦，我看看。

客服：好的亲，我家宝贝一周岁以后，我都用PP材质的奶瓶，很好用的呢！尤其是在冬天，玻璃奶瓶散热快，感觉奶还没喝完就冰了，而PP材质的奶瓶凉得没那么快，宝贝喝完都还有余温的。

顾客：这样啊。那我买一个。

客服：好的亲，现在下单，我马上给您安排发货。

3. 投其所好，吸引客户的注意力

"懂得投其所好，就能成为销售冠军。"这是世界上最伟大的推销员之一乔·吉拉德的一大成功心得。他为什么这么说呢？因为他面对过许多不同的客户。从与这些客户的交流中可以知道，懂得客户的心思才能更好地推动销售工作。其实，生活中有许多小事情都可以引起他人的兴趣和注意，比如谈论小孩、宠物、花卉、书画、运动等，都是在投其所好，可以迅速打破客户的心理防线。

4.2.4 耐心倾听,不打断客户

在销售工作中,学会倾听也是一门学问。学会耐心倾听他人的心声,可以帮助你和客户建立良好的沟通关系。事实上,学会倾听很多时候是迈向成功的第一步。善于倾听是销售人员最基本的素质,同时也是打开客户内心世界的一把"金钥匙",更是获得客户信任、拓展人脉的一种有效方法。

著名的成功学者戴尔·卡耐基曾说过:"在生意场上,做一名好听众远比自己夸夸其谈要有用得多。如果你对客户的话感兴趣,并且又有急切想听下去的愿望,那么订单通常会不请自来。"

事实上,我们每个人都希望得到别人的关注,这种关注可以让我们感觉到自身的价值和存在。每个人都希望别人能够认真地去倾听自己所说的每一句话,你的客户尤其如此。丘吉尔曾经说过:"沉默是金,倾听是银。"在和他人对话时,我们有必要保持适时的沉默,也有必要去倾听别人。在沟通过程中,你的沉默不仅会让客户认为你被他所讲的话吸引,而且也会为自己赢得揣摩客户心思的时间,这样对双方都是有益的。

有人曾经做过这样一个总结:世界上最伟大的恭维就是问对方在想什么,然后专注地聆听他的回答。作为一个成功的客服不仅要学会说,更要学会听。因为倾听是尊重他人的表现,是与人和睦相处的必备技能之一。而在网络销售中,客服更多的是要学会安静地聆听客户说话,让客户多表达自己的想法,这样才会以客户为中心,让客户感到受重视,满足客户表达自己的心理需求。如果你一直说而不给客户表达的机会,客户一定会感到不舒服,因为他会认为你没有把他当回事。

有时,说得太多太好也不是什么好事。那些自说自话的客服,往往会以自我为中心,而忽略了客户的心情和想法,让客户得不到任何的表现机会。这样势必会给人一种喧宾夺主的感觉,会引起客户的反感和厌恶。

所以,作为一个优秀的客服,就要学会倾听客户的声音和需求。同时,还要认真地听,很有兴致地听,积极迎合地听,听懂客户的话,弄明白客户的真实心理。只有这样,你才能发现客户的心理突破口,从而达到销售的目的。

让客户说得越多,他所透露的消息就越多,这样我们能掌握的信息就越多。掌握的信息越多,我们在销售沟通中就越能占据主动地位。

在聆听客户说话的时候,客服要对客户的讲话表示出极大的兴趣,这不仅是对客户的尊重,同时也表明你是一个会倾听他人心声的人,从而令其对你诉说更多,使彼此的谈话由表面的寒暄升级到真心的交流。

客服在听完客户说话以后,要给客户一个积极的反应,要善于核实自己的理解。

你可以不时地用"嗯,是这样啊""哦,我同意您的看法"等进行回答,向客户表示你在认真听他说话;也可以适当发问或者对其谈话的内容进行重复。这样可以让客户对你的倾听更加满意,使其诉说的需求得到满足,购买产品的机会就变得更大。

案例 4-14

顾客:请问××款奶瓶怎么样?

客服:亲,您好,很高兴为您服务! 这款奶瓶质量很好,奶嘴也很好,材质完全环保呢!

顾客:请问 B 款怎么样? C 款怎么样?

……

在这个案例中,我们可以看到,客服并没有弄清楚客户的真正意图。我们看下面有经验的客服是如何回答的。

案例 4-15

顾客:请问××款奶瓶怎么样?

客服:亲,您好,很高兴为您服务。请问您需要水瓶还是奶瓶?

顾客:哦,我需要水瓶。

客服:亲,您家宝宝多大了呢?

顾客:1 周岁。

客服:哦哦,您的宝宝一定很可爱的。

顾客:是啊,现在练习走路呢,有点累,但是宝宝很喜欢走路,家里人都轮换着带宝宝走路的。

客服:是啊,宝宝小时候最可爱了,虽然带宝宝累一点,但是每个家庭都因为有了宝宝而变得更加美满开心!

顾客:嗯嗯,都是掌上明珠,从出生开始,花的精力和财力都很可观呢!

客服:那是的,宝贝是父母的期望,您一定是位优秀的妈妈。

顾客:谢谢,从宝贝出生,就一直研究育儿知识了,到哪个阶段该给宝贝买什么玩具,哪些有益于宝贝开发智力……吃的、用的这些买起来也都很费精力的。

客服:是的呢,您真细心。

顾客:哪能不细心呢,不让娃娃输在起跑线上,从出生开始就得好好培养。

客服:嗯嗯,有道理,您给我上了一课啊! 受益匪浅,谢谢。

顾客:这不是 1 周岁了,水瓶也要换成吸管的了,锻炼宝贝的喝水能力,也是对宝贝的一种训练呢!

客服：是呀,我们这款吸管的水瓶卖得可好了,材质也好,很多妈妈反映都很不错。

顾客：哦哦,那给我来一个。

这位客服通过耐心倾听客户,得到客户的信赖,很容易促成了交易。

客服在与客户交流时,对客户的观点和想法不要急于下结论,要等客户完全说完以后,再对客户所说的话进行总结、思考,然后发表自己的意见。即使你对客户的某些观点表示不赞成,也要尽力控制自己的情绪,更不能表现得过于激动,而是要努力找出你的产品或服务能够给客户带来的好处,以此来说服客户。

一名优秀的客服在处理客户的抱怨时,绝对不能只停留在口头承诺上,而应该付诸行动。客服答应顾客的事情一定要做到,而且行动要快。比如,客服答应客户送小礼物,那么就要让客户按时收到这份礼物,如果你口头答应了,但是在发货的时候忘记了,那么客户就失去了对你的信任。

总之,在网络销售过程中,要多"听"客户谈理想。在客户谈他们的需求以及他们高兴或者不高兴的事情时,你可以在听的基础上把这些信息迅速进行整合,挖掘出客户没有表达出来的想法,这样销售的效果会变得更好。

4.3　给人买单的理由

4.3.1　让步也要有技巧

🔄 案例 4 – 16

客服：这件衣服您穿着肯定合身！就跟给您定做的一样,领口、腰身、颜色……比量身定做的还好！

顾客：是呀,我也觉得漂亮,可是 600 元实在太贵了！便宜一点吧？不然我可舍不得啊！

客服：便宜是不能了,这样吧,我免费给您办一张会员卡,您下次来的时候可以打9.5折。

顾客：我还是很舍不得……不如这样,你就便宜我 100 元吧？不然我可真不要了。

客服：呵呵,您可真会砍价,我们专卖店里规定不能砍价呢。这样吧,我现在就给您办卡,然后给您打 9.5 折,这可是底线啦！

顾客：那好吧！

客服先是用一张会员卡做铺垫,而后又用会员卡降低了价格,让原本以为不能降

价的客户自以为占到了"便宜",愉快地成交自然不在话下。

1. 不要轻易让步

更多时候,人对于太容易得到的东西往往不会珍惜。所以,在实际销售过程中不要轻易让步,要让对方体会到,通过自己的努力争取得到的东西才珍贵,同时也增加了产品自身的价值。另外,客服人员必须保证所做出的让步是有效且具有回报的,要坚持不做轻易的让步,也不做无谓的让步。

2. 可以互利互惠地适当让步

在销售过程中,买卖双方讨价还价的目的是希望得到一个对双方都有利的结果。因为双方都希望自己成为有利的一方,而尽量避免成为吃亏的一方。因此,讨价还价的最终归宿是达到互利互惠的效果,双方必须在此过程中彼此做出让步。

3. 尽可能地迫使对方让步

销售过程中的讨价还价,一般可以划分为三个部分:可以放弃的利益、要维护的利益和必须坚持的利益。客服要紧紧抓住后两部分,尤其是对必须坚持的利益的坚守。讨价还价过程中,双方都想将自己的利益最大化,所以必须想方设法地让对方放弃其承受能力范围内的利益,从而获得自身利益的最大化。

4.3.2 顾客＝亲人＋友人＋贵人＋合伙人

自古人们对商人的评语都是"无商不奸"。无论是做什么生意,商人的目的只有一个字:利。贪婪是人类的本性之一,商人更是如此。贪图利益最大化,对商人来说并没有错,只不过在买卖过程中,不少人鼠目寸光,为了眼前的一点点利益而放弃了长远的合作与发展。相对的,目光长远的人则更看重长远的利益。如果牺牲眼前的一点点利益,就能获得更加长久、稳固的合作机会,那么眼前的牺牲就是值得的。

这个道理在网络销售中同样适用。所有客服都想要用最高的价格卖出自己的产品,获得最高的差价,这是毋庸置疑的。不过,在销售过程中最忌讳贪得无厌,为了长远的合作机会,客服要懂得牺牲眼前的一点小利益来保住回头客,这样才能让自己的业绩稳步提升。

客户对于客服人员来说,不仅仅是消费者,还是友人、贵人、合伙人甚至是亲人。

1. 把客户当成亲人

客服要与自己的客户培养出亲密无间的良好关系。这种亲密感对于开放心态十分重要。一个客户愿意信赖你、与你聊天,表示他对你的产品也是放心的。如果客服与客户构建出了这种亲人般的关系,即使客户对产品不太满意,也会给予客服充分的理解。一旦客服遇到了难题,客户也会尽力提供帮助。

2. 把客户当成朋友

就算是物欲横流的年代,真正的友情也不会因为利益而被破坏。友情是人与人之间一种十分珍贵的关系,再贵重的礼物也换不来真心待你的朋友。因此,建立在友情基础上的生意才会更稳定、持久。客服要想拓宽道路,就要做到把客户当成朋友来对待,友善地对待朋友,客户才会放松对你的警惕心理,逐渐把你当作朋友。随着时间的推移,客户会越来越相信你,进而相信你的产品,愿意与你建立良好的关系。

3. 把客户当成贵人

有些客服认为,与客户沟通不顺是因为遇到了刁钻的客户,所以,每次面对客户都如临大敌,殊不知这种情绪很容易传染给客户,客户即使想要购买产品也会被客服的恶劣态度"吓跑"。一个人的力量是微弱的,没有贵人相助,仅凭一己之力想要获得成功是不可能的。对客服来说,客户就是你的贵人,你必须抓住每一次机会争取获得贵人的帮助。

4. 把客户当成合伙人

把客户当成合伙人是一种新型营销理念,其宗旨在于:客服人员要善待每一个客户,为客户创造良好的体验,给客户留下深刻而又美好的印象。这样,客户就会自发地为客服的产品做宣传,进而带来更多的客户,提升产品的销量。

此外,客服要把客户当成情人,这话虽然听起来有些可笑,但实际上,客服要像对待情人一样照顾好每一个客户,哄他们开心,当他们遇到问题时细心关怀、百般爱护,想客户所想,那么客户是一定会感动的。

客服要明白凡事不可操之过急,即使客户没有购买产品,也要抱着交朋友的心态善待每一位客户。一个真正的营销高手必定不是一个贪图眼前利益的人,有时甚至可能不在乎遭受部分损失。事实上,这是一种十分高明的销售手段。

案例 4-17

顾客:你好,这款婴幼儿水瓶适合几个月的孩子?

客服:亲,您好,欢迎光临小店!亲,这款水瓶 6 个月以上的宝宝就可以用了!您家宝宝多大了?

顾客:哦,8 个多月。

客服:亲,宝宝用过带吸管的水瓶吗?

顾客:还没有。

客服:哦,那亲可以给宝宝用了,用吸管吸水喝对宝宝来说也是一种锻炼哦!

顾客:哦?有什么锻炼作用?

客服:亲,宝宝用吸管吸水喝可以促进大脑发育,就像宝宝练习抬头、翻身、坐爬、

走路一样,到了一定月龄就要给宝宝练习。这样,您的宝贝才会更加聪明哦!

顾客:嗯,那我们是不是买晚了?

客服:不晚的。您家宝贝才8个月,这个月龄的宝贝要多练习爬行呢,现在天气热起来了,宝贝穿得少,最适合爬了。宝贝多爬爬不但健康、少生病,更有利于大脑发育,为走路做准备。

顾客:好好,那我买一个,你说得真有道理,交个朋友吧,以后育儿方面可以多沟通。(愉快)

客服:亲,好的呢,我家宝贝刚会走路,以后请多指教!您是我今天的第一个顾客,跟亲聊天很开心,作为朋友,送亲一个小礼物,这款玩具是专为宝贝练习手眼协调设计的。(愉快)

顾客:哦哦,谢谢!(握手)

现在网络销售竞争如此激烈,每家网店都为获得长远利益而绞尽脑汁。殊不知,客服的销售技巧能为网店积累更多的客户,客服人员能力越强,越可以直接给网店带来更多的利润。

4.3.3 物以稀为贵,自古如此

在日常生活中,不少人喜欢玩收藏,其收藏内容包括名人油画、雕塑、稀有宝石等,可谓是千奇百怪。为什么人们喜欢收藏这些东西呢?就是因为这些东西稀有,有些甚至价值连城。如果类似的东西到处都能找到,那便也不值钱了,也不会引起人们的收藏兴趣。

一般来说,只要是稀有、罕见的物品,即使毫无实际用途,也会引起人们争相追捧。比如,残缺不全的古代瓷器,带有时代印迹的邮票,甚至于旧时人们的日常必需品。往往越是年代古老且带有瑕疵的物品,越是重金难求。人们总是对即将失去的东西特别珍惜。

客服人员要充分利用客户的这种心理需求。一般来说,客户是有了一定的需求才会去购买产品,想要客户更看重一款产品,是需要费一些功夫的。如果想让客户自愿购买你的产品,那么你必须站在客户的角度来考虑问题。你需要通过与客户的聊天,发现其真实需求:顾客喜欢什么、需要什么以及害怕失去什么。在销售过程中,客服迎合客户的兴趣能讨其欢心,而有时候抓住客户的痛点,比迎合其兴趣更有效。

🔄 **案例 4-18**

顾客：这款爬行垫面积多大？

客服：亲，您好，我们这款垫子的尺寸是 1.8m×2.0m。亲，您家宝贝有 8 个月了吗？会爬了吗？

顾客：9 个月了，还不会爬。

客服：亲，那要抓紧时间给宝宝做训练哦，对宝宝来说，爬行的练习比走路还要重要，爬行能促进大脑发育，让宝宝更聪明，还有助于四肢灵活、增强体质。

顾客：这样啊，那我要赶快买一个了。

客服：是的，亲，一定要让宝宝多练习哦。

顾客：那买多大的好呢？宝宝会爬了之后，总要爬到地上，不卫生啊！

客服：亲，现在流行这款××产品，带围栏，送垫子，这样就可以解放妈妈的双手，不用时时盯着宝宝了！

顾客：这种围栏安全吗？

客服：很安全的，不会夹到手和头，虽然是塑料材质，但是非常环保，您可以看看环保证书，我们采用的是德国进口的材料。

顾客：那要多少钱？

客服：亲，您可以选一下尺寸，不同尺寸价格不一样，160～500 元不等。

顾客：哦，那我看看。

......

顾客：这款 2.0m×2.0m 的垫子看起来不错。

客服：嗯嗯，亲，我们这款产品现在正搞活动，还有 4 小时活动就结束了，活动结束就没有这个价格了。亲，如果觉得可以，要早一点下单，我好给亲安排发货。

顾客：好的，我拍下了。（愉快）

　　一位心理学家曾做过这样一个实验：在实验开始之前，受试者们都不知道实验的具体内容是什么。在工作室中，心理学家与被邀请的 10 个人分别进行面对面的谈话，就像普通朋友那样聊天说笑，这让受试者们感到十分不解。在聊天过程中，这 10 个人都接到了一个陌生人打来的电话。不管心理学家的谈话内容如何吸引人，大部分受试者还是会选择中断与他的对话，伸手接听电话。虽然有几名受试者没有中断与心理学家的对话，但是在听到电话铃声之后明显开始心不在焉，表现出对刚刚那通未接电话的在意。这通莫名的电话正是心理学家安排助手打来的。人们在面对即将错过的东西时易表现为坐立不安，心理学家的实验很好地证实了这一点。相对于面前这个人的谈话，人们更在乎未知电话的内容。受试者们担心自己会错过重要的信息，害怕一旦

失去当时的机会,便再也无法补救了。

　　了解这种深藏在人们心底患得患失的心理,对刺激客户的消费欲望是很有效的。面对客户瞬息万变的情绪,客服人员一定要意识到,客户害怕失去的想法会对其行为产生决定性的影响。简单来说,客户越是害怕失去你的产品,越是会积极购买你的产品。

　　"拥有的时候不懂得珍惜,失去后才发现它的珍贵",不管是人还是物,往往在资源稀缺的情况下,人们才能发现其价值。"活动截止时间""数量有限"等信息会对顾客的购买决策产生极大的影响。聪明的客服能够将这种说辞适时地应用到销售活动中去,以促使交易成功。

4.3.4　不定期地刺激一下顾客

　　一位意大利的心理学家曾在两对具有大体相同的成长背景、年龄阶段和交往经历的恋人当中,做了这样一个送玫瑰花的实验。

　　心理学家让其中一对恋人中的男孩,每个周末都给自己心爱的姑娘送一束红玫瑰;而让另一对恋人中的男孩,只在情人节那一天向自己心爱的姑娘送去一束红玫瑰。

　　由于两个男孩的送花频率和时机不同,导致了结果的截然不同:

　　那个在每个周末收到红玫瑰的姑娘,表现得相当平静。尽管没有大的不满意,但她还是忍不住说了一句:"我看到别人送给自己女友大把的'蓝色妖姬',比这普通的红玫瑰漂亮多了,心里真是很羡慕!"

　　而那个从来没接到过红玫瑰的姑娘,当手捧着男朋友送来的红玫瑰时,表现出了被呵护、被关爱的极度甜蜜,随后竟然旁若无人、欣喜若狂地与男友紧紧拥吻在一起。

　　这是著名的社会心理学定律——贝勃定律,说的是当人经历强烈的刺激后,再施予的刺激对他来说也就变得微不足道。就心理感受来说,第一次大刺激能冲淡第二次的小刺激。比如,原本 1 元钱一份的报纸变成了 10 元钱一份,你一定会感到无法接受;而原本 10000 元的电脑涨了 100 元,你就不会有什么大的反应。这个定律在销售领域用处很大。

　　🔄 **案例 4-19**

　　顾客:这款台式机总价多少钱?

　　客服:亲,您好,现在搞活动,很优惠,主机 2900 元。(答非所问)

　　顾客:(有些吃惊,怎么这么便宜)那液晶显示器呢?

　　客服:17 英寸的 1600 元。

　　顾客:质量有保证吗?(疑惑:市场价 2200 元左右)

客服：亲，请看我们的质量保证书，我们是有售后保障的。请放心购买！如果单独买这款，需要2200元。（客服心明手快，补充道）

顾客：（有点动心）你们免费配送吗？

客服：亲，我们这款电脑不赚钱，所以要另外付运费。不过，我们的配件也都比其他地方便宜。

顾客：那我再买一个音箱和一副耳机。（400多元）

事实上，在案例4-19中，5000元是这类电脑的市场价。可以说，这位客服以市场价出售了电脑。正是由于他一步步展示了产品的价格，让客户认为每单个产品都要比市场价便宜，不断地接受了来自价格冲击上的"刺激"，所以欣然掏钱买下了电脑。

看来，贝勃定律对销售的确有着不可忽视的指导作用。当你的价钱可以一降再降时，最好将它们分开阐述，让客户认为你在不停地降价。

1. 先小让，再大让

销售过程中难免会出现讨价还价，这时如果客服的底价是让1000元，那么该如何分配呢？乔·吉拉德对这点有过明确的阐述："如果我需要让1000元给顾客，那么我的顺序是100元、200元、400元、礼物。"也就是说，乔·吉拉德会采用一点点加深刺激的方法，成倍地降价，最后再送出一份小礼品，这样客户的成交概率就会大得多了。

2. 转变方式很重要

在跟客户沟通时，要注意了解客户的喜好（尤其是老客户），这样议价的时候就可以适当给出让客户兴奋的方案。比如，一位妈妈为宝宝买东西，在她一再要求降价时，客服人员可以提出："价钱我实在是做不了主，不过我这里可以多送您一些小玩具，比如……"这样的"提案"在大多数情况下，客户都是乐于接受的。

任何交易都不是一蹴而就的，要经过不断地沟通、询问、说服才有可能达成协议。所以，成交需要的就是客服人员的前拉后推。如果你在"推拉"的过程中遇到一些小小的阻碍，不妨试试贝勃定律，相信一定会有不错的收获。

4.4 学会利用心理"诡计"

4.4.1 超过这个价格我不卖

在销售过程中，客服会遇到形形色色的客户，这些客户性格各异、脾气不同。在沟

通过程中,客服可能会遇到比较容易沟通的客户,但如果要真正锻炼自己的销售技巧,客服还需要经过那些所谓"刁钻"的客户的磨炼。面对"刁钻"的客户,客服不要胆怯退缩,如果你没有了说话的底气,那么就助长了对方的气焰,让情况变得更糟,对销售起到了反作用。在这个时候,有经验的客服可以适当地"威胁"一下客户,促使客户尽快下单。

有些客户对产品非常挑剔,不仅要求产品有较高的质量,还希望有较低的价格。这时,客服要做的就是,明确地告诉客户,产品的价格是由产品质量决定的,产品价格之所以高是因为质量有保障。如果对方还犹豫不决,那么你就可以告诉他,产品的价格已经是最低的了,如果对方还是不能接受,那只能寄希望于下次有机会再合作。

在沟通过程中,客服与客户处于合作的状态,双方的地位应该是相互平等的,客服人员不能把自己放在很低的位置,不能一味地迁就和服从客户。如果客服只是为了让客户购买你的产品,大多数客户就会以为他们是在为你创造效益,而忽略了他们自己也需要这个产品,从而产生"逆反心理"。想要纠正客户的逆反心理,客服需要在一个平等的基础上促成交易,那么此时,客户才可能更乐意接受产品。

↻ 案例 4-20

顾客:这款×××怎么卖?

客服:亲,您好,欢迎光临小店,很高兴为您服务。这款×××售价 368 元,这款质量最好,性价比最高,亲很有眼光!

顾客:我看跟你们这款差不多的产品,价格都比你们的便宜哦!

客服:亲,是的哦,但是我家的产品我们自己最了解,品质是可以保障的。

顾客:你们有什么特别的地方吗?我看到图片都一样的,但是你们的价格却是最高的。

客服:亲,我们的衣服是完全防水并且透气的哦,您可以将衣服盛满水,放置一个月都不会漏水哦,并且倒掉水后,在衣服一面用风扇或者吹风机吹,另一面是会有风的哦。

顾客:哦,那很不错。价格可以低一点吗?

客服:亲,我们这款产品目前正在搞活动,转发链接到朋友圈获得 60 个赞,可以凭截图领取 20 元优惠券。

顾客:能再便宜点吗? 328 元怎么样?

客服:亲,这个我做不了主的,我也是个打工的,老板给我们规定:低于这个价格不能卖哦。

顾客:……那好吧!

每个人都有好奇心,在销售过程中,如果想让客户的购买欲望增加的话,客服人员可以适时地拒绝客户。在案例 4 - 20 中,该客服的经验告诉我们,在合适的时候,非常有必要向客户传达"我不卖"的信息。在大多数客服人员只知道一味地服从客户的时候,你的"不"就显得特立独行,给客户留下深刻的印象,这时被选择的概率很可能增加。

在谈判过程中,客服人员可以利用"威胁"促进销售工作,但前提是要运用得当,而且要在恰当的时机运用。谈判的高明之处,就是要让对方感觉赢的是他们。

🔄 案例 4 - 21

顾客:请问这款跑步机可以折叠吗?

客服:亲,您好,这款可以折叠的。现在很多人都喜欢折叠款,不占用空间,很适合家用哦!

顾客:是挺好的,就是有点贵。1800 元怎么样?

客服:亲,这个价格不算贵哦,只要 2000 元,静音效果很好的呢!

顾客:便宜点可以考虑买。

客服:亲,我们现在针对会员有活动,会员价是 9.5 折,不过您还不是我们的会员呢!

顾客:怎么才能成为你们的会员呢?

客服:有两种方式,一种是直接花 20 元买一张会员卡,另一种是已有 500 元以上的消费记录。

顾客:那怎么办呢? 给我一个会员价吧!

客服:这个我问问我们老板吧!

顾客:好的。

……

客服:老板说,您是今天第一位顾客,如果现在下单,可以给亲免费办一张会员卡,享受 9.5 折优惠。

顾客:还是有点贵,再便宜 50 元,1850 元卖的话我马上就付款。

客服:亲,这个价格肯定不行的,我们是专卖店,不议价的。

顾客:这样啊,我考虑下。

客服:亲,好的,您考虑一下。不过,老板说了,您今天是第一位顾客,如果现在下单就给会员价,如果太迟的话,恐怕这个优惠就给别人了呢!

顾客:哦,那好吧,我现在下单。

让客户产生一种危机感,可以促使客户早做决定。在销售中,当你的客户攻不下

来的时候,可以跟他们说"这件衣服只有最后一件了"等类似的"威胁"话语,这反而更有助于你的销售。

正是因为这些"刁钻"的客户,客服才能够吸取经验,快速成长。因此,我们要感谢这些客户的存在。在遇到这类客户时,客服要学会随机应变,根据具体情况进行具体分析,懂得软硬兼施,不能太过强硬或者太过软弱,想要在这场销售的博弈中立于不败之地,需要客服具备刚柔并济、虚实结合的能力。

4.4.2 心急吃不了热豆腐

在购物过程中,很多人都会向客服抱怨产品。这时,客服人员就要分析客户的目的,是产品有问题还是客户不想买,或者只是想以此压低产品的价格。如果客服人员没有准确识别,那么就可能导致销售失败,或者误入顾客的"小圈套",降低产品价格。

客户进入你的网店,向你咨询某产品,作为客服你要谨记"心急吃不了热豆腐"。一味地向客户介绍产品,展示产品的优点,而不懂得"察言观色",会让客户产生这样的感觉:你急于想卖掉这款产品,赚取利润。这会导致客户产生反感,失去对你的信任。

销售工作的性质决定了从事销售工作的客服人员要保持很高的工作热情和销售欲望。但是我们的愿望和现实总会有一些差距,所以,客服人员不能仅凭自信,不能急于求成,迫切的销售心理和心态很多时候会让你欲速则不达。

🔄 **案例 4 - 22**

顾客:这款打底裤显瘦吗?

客服:亲,您好,欢迎光临小店,很高兴为您服务。亲,这款打底裤很显瘦的。

顾客:那这款呢? 显瘦吗?

客服:亲,这款也显瘦的。

顾客:那哪款更显瘦呢?

客服:都显瘦的,亲,我家的打底裤质量很好,又保暖又显瘦。

顾客:这款重量多少?

客服:300 克,亲。

顾客:300 克的打底裤能保暖吗?

客服:亲,保暖呢,我冬天就这样穿一条就够了。

顾客:我很怕冷的。我是哈尔滨的呢!

客服:哦哦,那亲可以里面加一条保暖秋裤,这样就不冷了。

顾客:那还显瘦吗?

......

客服：亲，您可以买去春秋的时候穿呀！很不错的呢！

亲，您考虑得怎么样呢？

我们的价格很低了呢！

买两条还有优惠哦！

……

这个案例中的客服，虽然工作态度很热情，但是他急于想卖出自己的产品，却不懂得分析客户的心理，只一味地介绍产品，最后客户走掉了。

客服人员需要有十足的耐心、良好的心态，并要注意把控工作的节奏感。平时一定要保持冷静和慎重，凡事三思而后行，给客户时间去考虑，无论客户是接受还是拒绝，客服都要保持一个良好的态度，更不能对客户出言不逊或者不耐烦，从而损失更多的客户。

其实，我们在销售产品的时候也是在销售自己。所以销售过程首先要找到切入点，这个点就是取得对方的信任，站在客户的立场，为客户着想，让客户感觉你是他的朋友，之后再做销售，就会变得轻松起来。

4.4.3　好建议是客户想出来的，不是你说出来的

如何让一个固执、自以为是的客户接受你的建议呢？切忌直接将你的建议提出来，你可以将自己的观点从正面进行阐发，让客户自己做决定，而客户往往会被你的观点所影响，进而认同你的观点。这样做是为了让客户觉得这个建议是他自己想出来的，给客户留有足够的面子。

案例 4 - 23

顾客：请问这款温度计给宝宝量体温准不准？

客服：这款温度计的特点是方便，把它贴在宝宝的额头上 3 秒钟即可量出温度，这个温度与正确体温相差 0.1～0.3℃，相差不多的。

顾客：唉，宝宝发烧的时候比较闹腾，腋下量温度根本不配合呀！

客服：是的，亲，多数宝宝都是这样的，我家的也是，所以我都买这款，量得方便，虽然有误差，但是量了之后心里会踏实一点。

顾客：你宝宝多大？

客服：1 岁半。前几天刚发烧过。

顾客：我家的也差不多大，发烧好几次了，每次去医院都要抽血、挂盐水，好心疼。

客服：我家宝宝也发烧三次了，没超过 40℃，所以就没去医院，在家里物理降温，

温水泡澡,用酒精搓身体降温,贴退热贴,晚上实在不行就吃一顿退烧药,没有其他症状,所以不去医院。

顾客:啊,这样啊,我也不想去医院,那么小的孩子抽血、挂盐水,哭得厉害呢!

客服:亲,这款温度计可以回去试试,体温要是超过40℃,还是要去医院哦!

顾客:好的,温度计1个,退热贴5个,先买回去再说。

……

顾客:在吗?我们家宝贝这次发烧,没带他去医院,就在家里泡泡澡、酒精搓一搓,贴个退热贴,吃点退烧药,三天就好了呢!我觉得这个方法很好哦!

客服:亲亲,(认同)恭喜宝宝痊愈了!(愉快)

每个人都有自尊心和逆反心,没有人喜欢身边总是有人告知他们要如何去做,而是更倾向于自己做决定,按照自己的方法做事。地位越高的人越讨厌有人在自己身边指手画脚,他们更希望他人看到自己睿智的形象,更希望他人尊重自己的一言一行。

4.4.4 少说竞争对手的坏话,并不是不说

竞争对手永远存在,那么我们在销售中要如何打败竞争对手,如何让客户接受自己的产品呢?

关于竞争对手的评价一定要客观。与客户沟通时,客服注意语言的分寸,不能乱说,不能无中生有,更不能强硬地否定客户已经认可的事实,不要把自己抬得很高,把竞争对手放得很低。最有效的方法是:客服在介绍自己的产品时,适当引入竞争对手公司的失败案例并简要分析其产品的缺陷。

🔄 **案例 4 - 24**

顾客:你们这款电动足浴盆有什么特点?

客服:亲,我们这款足浴盆是最新升级的一款,人性化设计,安全环保,有四个模式可选择:健康模式、睡眠模式、舒适模式、暖足模式。足浴盆可设置不同温度,功能不一样,对睡眠不佳、易疲劳、体寒的人群有很大帮助哦!

顾客:你说的这些我在详情页上看到了,可是你们的价格比同行业其他家贵太多了,人家的产品只卖300元左右,你家的要600元,差得太多了吧!

客服:他们的产品基本上都是仿制的,而我们都是自主研发的,质量和效果不可比呢,而且他们的产品也没有任何部门检测的报告,怎么能放心使用呢?

顾客:但是你们公司的知名度低啊,你看人家的广告做了那么多,现在的老百姓

都认这个的呢！

客服：我们是厂家直销，所以不用做太多广告啊。

顾客：直销应该比人家的更便宜吧，怎么还贵了一倍呢？或许你们可以考虑降价。

客服：那您觉得多少合适呢？您给个价吧。

顾客：300 元。

客服：……

在案例 4－24 中，该客服犯了个错误：当客户将你的产品与其他同类产品比较时，客服不断贬低同类产品，抬高自己，这样不但得不到客户的信任，还会让客户觉得你采取不正当手段进行营销，进而对你的产品产生怀疑，结果交易失败。

正确的做法是：

客服：我们的价格确实是高了一些，但是相较于价格低的产品，我们公司的产品是比较可靠的，是经过质量认证的，产品经久耐用。我也实地考察过他们的产品，发现他们的产品有抄袭我们产品的嫌疑，同时，也没有相关的质量许可证。我们认为，这样的产品在使用的时候存在隐患，您可以考虑一下。

顾客：可你们的品牌知名度不行啊，看看人家的广告做得铺天盖地，现在的老百姓都认这个。

客服：我们一般采用直销模式，不打广告。我们把宣传的费用都用在产品的质量开发上了，以此来保证产品的质量，我们认为质量就能为我们的产品打响知名度，而且我们公司的产品功能多、售后好，这是同类产品没办法比的……至于您说的广告宣传，与我们公司合作的每一位顾客都是我们公司的代言人。

顾客：哦，是这样呀，那好吧。

这样的介绍既不会无故抬高自己，也不会显得不真实，客户能感受到你的语言很朴实。因此，客服要认真地拿自己的产品与同类产品相比较，得出比较权威的对比结果。这样做可以让客户对你的产品有客观真实的认知，也为未来的售后服务做好准备。

1. 客观评价竞争对手的产品

在与客户沟通时，多数客户会拿同类产品与你的产品进行比较，这时客服要实话实说，言语中不能过分吹嘘自己的产品，要真诚地对待客户，让客户从心理上认可你。如果在沟通过程中客户没有提及其他同类产品，那么客服在介绍自己的产品时，就尽量少提及对手的产品。

2. 评说竞争对手的产品不能随意

很多客服常常会在介绍自己产品时,顺带批评一下竞争对手的产品,这种做法是不可取的。

客服当面向客户指出其所购买的产品有多不好,客户必定是非常不愉快的,这样的行为得不偿失。即使客户自己提到已经购买的产品有什么不足,或者说到你的竞争对手的产品有什么不好的时候,客服也不要附和他并拼命推销自己的产品有多好。在谈论同类产品的时候,任何关于其他产品的负面信息,都有可能被客户认为是你销售的产品也同样具有的缺点。

3. 学会得体地称赞竞争对手的产品,提升自己在客户心中的形象

客服不仅要对自己的产品有一定的了解,还要了解竞争对手产品的优缺点。在销售中,有时客服要适当地、得体地称赞竞争对手的产品,这样做可以让客户感受到你的真诚。长此以往,客户自然会信任你,进而相信你的产品。

4.4.5　时机错过了,就不会再来了

成交是整个销售过程中的"临门一脚",这一脚踢好了,后面等着你的就是鲜花和掌声;这一脚踢歪了,不仅功败垂成更会使士气大挫。那么客服怎样才能做到一矢中的、万无一失呢?这主要取决于掌握决定权的客户做何反应。一般情况下,客户在产生购买意向的时候,会有这样那样的疑虑,有的客户甚至迟迟不做决定。此时,多数的客服会根据实际情况,分析客户的心理,从而判断客户的真实想法。

许多未能成交的案例显示,并不是因为客服没能有效地说服客户进行购买,而是客户已经做好了购买的决定,可你却没能及时地发现他们发出的成交信号,结果大好的成交机会就这样被你轻易错过了。那么,成交信号怎么识别呢?

正所谓"机不可失,时不再来",能否捕捉到客户的购买动机是销售员能否签单的关键。当客户产生了购买意向之后,如果客服人员能及时发现这些成交信号,并把握机会,那么订单的成功概率将会大大提高。

话要说得恰到好处,更要说得对时对景,如果客服人员没能在适宜的时间提出购买邀请,那么可能会出现下面的悲剧场景:

🔄 **案例 4 - 25**

客服:亲,您好,我是××电脑公司的客服小王。

顾客:你好。

客服:我们公司一直致力于办公电脑的优化配备工作,听说贵公司近期要采购一

批电脑是吗?

顾客:是的。

客服:我现在为您介绍一下我们公司设计的办公电脑,我们的电脑不仅有绩效记录程序,还能……

顾客:有统一配备的办公软件吗?

客服:当然,我们这边的程序都是经过尖端技术处理的,不仅办公软件齐全,而且速度一流,还能有效避免黑客入侵。

顾客:听起来不错,那价格是多少?

客服:7000元,这个价格很合理。

顾客:那你们产品的售后服务怎么样?

客服:我们的售后服务很健全,产品如果出现问题,7天内包换,一年内保修,终身负责维护,您可以放心购买。

顾客:……

客服:我们的产品在价格和质量上都有优势的。

顾客:我觉得你们的价格还是有点高,还是再看看吧。

咨询产品价格、售后服务,这位顾客一连发出两次成交信号,但是迟钝的小王还是没能留住这只"煮熟的鸭子"。我们看下面一位客服是怎么做的:

案例 4-26

客服:您好,我是××电脑公司的小李。

顾客:你好。

客服:上次谈的关于贵公司年终奖品的事情,您有做好决定吗?

顾客:我看过你们的电脑资料,东西还是比较中意的,能不能便宜一些啊?

客服:原先提到的价格确实是全国统一价,实在不好意思,不能帮您。

顾客:这样啊,现在还有多少货了?

客服:现在已经有8家公司在向我们大宗采购了,大部分来自您所在的行业,有××公司等,请问您大概想要多少台?

顾客:3000~4000台吧!

客服:如果这样我先给您留3000台吧!

顾客:不不,我想想,还是留4000台比较合适。

客服:可以,不过由于货源紧缺,我们这边马上要开始调配,请问您大概什么时候可以把具体的合同发给我呢?

顾客：明天吧！

客服：好的，谢谢，我等您回执，如果因为别的原因没收到您的回执，我可以打电话给您吗？

顾客：可以，我安排一下，就发给您。

客服：好的，再次感谢，再见！

案例 4-26 中的小李从聊天中了解到了顾客的诚意，用"货源紧缺"这一理由很好地把握住了成交的时机。作为一名客服，拥有良好的沟通能力是必要的，同时更要具备一定的分析能力，懂得顾客的想法，始终关注顾客的成交信号。

第五章

维护客户——让客户黏上你

5.1 维护客户关系

客户关系的维护是指客服对已经建立的客户关系的维护,使客户不断重复购买网店的产品或享受网店服务的过程。在竞争日益激烈的电子商务大环境下,客户成为网店发展所必备的重要资源,对客户关系的维护成为客服工作的重要内容。

维护客户关系是一门学问,越来越多的人开始着手客户关系维护的研究,将这门学问变得更加专业化、系统化。CRM 这个词语随着互联网和电子商务的发展,变得广为人知,"以客户为中心"是 CRM 的核心所在,即网店通过满足客户个性化的需要、提高客户忠诚度,与客户建立起长期、稳定、相互信任的密切关系,降低销售成本、增加收入,并以此为手段来达到提高企业的赢利能力和利润水平,提升客户满意度,拓展市场,全面提升企业竞争能力的目的。客服要实现 CRM 的理念,需要在工作中切实以客户为中心,具体包括搜集客户信息、客户分析、客户维护等内容。

5.1.1 新老客户对店铺发展的意义

老客户是指在网店中购买过多次的客户,新客户则是指初次在网店购物的客户。关于新老客户对网店的重要性,我们来看看以下一组数据:

(1) 争取一个新客户的成本是保留老客户成本的 5 倍;

(2) 60%的新客户来自老客户的推荐;

(3) 忽略对老客户的关注,网店将在 3 年内流失近一半的客户;

(4) 向新客户推销商品的成功率是 15%,向老客户推销商品的成功率是 50%。

从上述数据中我们可以看出,维护好老客户可以较小的投入获得较大的回报。

5.1.2 维护客户关系的重要性

维护客户关系对于网店的发展有着十分重要的意义。

1. 有效节约成本

网店若想提高知名度,需要大量的推广费用,通过打广告等方式,让客户熟悉其品牌。网店的推广方式有很多种,如直通车、淘宝客、钻石展位等。但这些推广方式都是有成本的,且成本很高,而这些成本会逐年增加。网店若只是靠推广来赚取人气,那么其所需投入的费用将难以计数。

但如果网店的立足点在于维护客户关系,适当辅以推广,则其投入的成本就会大大减少。老客户对网店较为了解,因此网店不需要花过多精力去赢得对方的信任,老客户的再次消费是降低销售成本和节省时间的最好方法。

2. 使网店的竞争优势长久

比质量、拼速度、降价格,这些电子商务活动中的常用竞争招式的目的只有一个,那就是争取客户、留住客户。卖家们意识到能为网店创造收益的只有客户,所以优质、大量的客户资源能让网店具有长久的竞争优势。据悉,网店65%的交易来自老客户的再次购买,老客户维护工作做得越好,店铺发展得越稳定。

3. 获取更多的客户份额

客户份额是指一家网店的产品或服务在一个客户的该类消费中所占的比重。例如,某客户的20件衣服里面有15件都是在一家网店购买所得,那么这家网店就获取了这位客户极高的份额(75%)。客户份额越高,则说明该客户对某网店产生的依赖感越强。

4. 有利于发展新客户

口碑固然重要,但这个口碑要经过谁的"口"才更具有说服力和可信度呢?对于一个有购买意向的消费者来说,其亲友、同事等根据亲身经历所做出的推荐往往比网店的介绍更可信。由此可见,老客户的推销作用不可低估。买家更愿意相信和自己同样"地位"的其他买家的推介,所以若客服将客户关系维护好了,则这些老客户自然会成为你的广告传播者。

5.1.3 学会主动营销

主动营销是以消费者为导向,基于消费者消费行为的分析,发现消费者的真实需求,把创造客户需求、满足客户需求作为营销点,结合品牌店铺与客户之间的各种接触点,主动出击,给客户推荐适合他的产品和服务,以此带来客户的二次转化。

1. 上新信息的及时传达

（1）提前预告

客服在主动宣传网店的上新信息之前，可以对即将上新的产品进行预热，让客户提前知道产品上新的时间，并向客户透露少量上新图片，使客户对于网店的上新产品充满期待（见图5-1）。在预告产品的上新信息时，产品的上新时间是客服需要重点留意的内容，上新时间一定要准确。

（2）信息的有效传达

网店产品上新之后，客服需要第一时间通过阿里旺旺、短信、邮件等途径将信息传递给客户，在传达上新信息时要让自己所传递出的信息具有诱惑力，能够吸引客户的眼球，让他们有购买欲望。比如，客服可以产品的价格、新颖度、便捷性等特征为卖点，吸引客户的眼球，如图5-2所示。

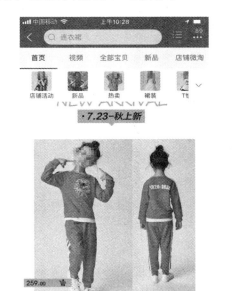

图5-1　上新信息的预告

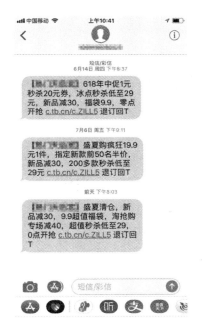

图5-2　短信上新消息通知

2. 对活动信息的有效解读

客服除了要对产品本身的信息进行解读之外，还需要掌握网店的促销活动形式与时间等详细信息。只有这样，客服才能有效出击来营销产品，让客户感受到其专业性，让客户放心购买。

（1）打折形式

商品进行直接的打折出售是店铺活动中较为常见的优惠形式。首先，客服需要

清楚打折商品的范围(如是全场打折还是过季商品打折)、折扣力度是否相同等。很多时候网店为了清仓过时的库存,会将过季商品的折扣放得更低,将新款商品的折扣稍微调高。其次,客服要掌握打折活动的时间,网店的打折活动一般是在规定时间之内进行的,具有较强的时效性。网店常常会在一些节庆日开展活动,促进商品的销量,如国庆节、中秋节、端午节、情人节等各个中西方节庆日。某网店夏季折扣活动页面如图5-3所示。

图5-3 某网店打折优惠活动页面

(2)"买一送一"形式

"买一送一"是网店活动中为了吸引客户的眼球而设置的一种活动形式,客服一定要事先对这类活动进行充分的了解,避免客户误读信息造成心理上的不愉快。首先,客服要弄清楚这类活动的参与范围,即买什么送什么,是送同等价位的商品还是送与商品搭配的小物件,这些都直接关系到客户体验。其次,客服要清楚活动的范围,是全场任意商品都参加"买一送一"的活动,还是只有某些特定商品。最后,客服还要弄清楚活动的进行时间,逾期则需要向客户解释原因。这种活动能在短期内提高销量,某网店的"买一送一"活动页面如图5-4所示。

图 5 - 4　某网店"买一送一"活动页面

（3）聚划算

聚划算是网店为了促进商品的销量而参加的淘宝网商品团购的一种活动形式。在这类的团购活动中，客服需要了解以下两点：活动的时效性和商品数量的限制。既然是团购，卖家必定是在最大限度上做出了让利，活动的持续时间自然不会太长，一般为 2～5 天。客户在购买商品的数量上也会受到一定的限制，客服要清楚商品允许购买的最大数量是多少，让活动真正达到回馈客户、促进销量的效果，如图5-5所示。

（4）优惠券

为了让客户在购买商品时享受更优惠的价格，很多网店纷纷推出了优惠券抵用的活动，客服需要掌握的主要信息就是使用优惠券的限制条件，客服需事先向客户交代清楚这些条件，避免让客户感到被欺骗，如图 5 - 6 所示。

图 5-5 聚划算优惠形式

图 5-6 优惠券活动形式

5.1.4 不要把服务变成骚扰

客服需要尽可能多地为客户提供服务、帮助,但这些服务、帮助一定要在客户需要且不打扰客户工作和生活的前提下进行。客服要谨记,在服务过程中永远不要把服务变成骚扰!

1. 信息传递的一次性原则

客服在维护客户关系中,少不了信息的互动交流。同一条信息发送一次即可,发送的途径也只需要选择方便客户接收的一种途径即可,过多次数的信息发送或多途径的信息发送不仅不能增加客户查看信息的欲望,反而会引起客户反感,将网店屏蔽或加入黑名单,这样的宣传方式无疑适得其反。

2. 信息发送的时间选择

客服在发送信息时需要对发送时间进行选择。客服在维护客户关系的过程中会涉及问候信息、宣传信息的发送,这些信息的最佳发送时间为 10:00—15:00,超过 20:00 切忌给客户发送信息,这会影响到客户的休息,让客户对网店产生不满情绪。

5.1.5 永远不要有报复心理

客服工作难免会遇到一些难缠的客户,他们无理取闹、造谣生事甚至恶语相向,不仅让客服的工作难以展开,还严重影响着客服的心情。人都是有感情倾向的,客服也不例外,当收到无理的挑衅时,客服自然也是十分生气的。客服在工作中一定要时刻谨记:工作归工作,万万不可产生报复心理,报复无异于玩火自焚。

1. 泄露客户信息

一些客服在受了委屈之后,觉得无处发泄,于是在网上滥发客户的信息,将客户的隐私泄露在网络世界中。

2. 电话骚扰

客户的一些购买行为让客服感到生气,一些客服为了发泄私愤,私下里给客户打骚扰电话,对客户进行辱骂或骚扰其正常的作息。这样的电话骚扰只会让顾客与客服的关系变得更糟,最终的受害者还是网店自身。

3. 恶作剧

还有一些客服会因为客户没有按照预期对其服务进行评价,在多次交涉未果的情况下对顾客采取了恶意的恶作剧行为。例如,某客户反映因为自己给了某店铺一个差评,在拒绝了客服修改差评的提议之后,该客户在年三十收到了该网店寄给他的寿衣,让客户气愤不已,转而对网店进行了投诉。

在客服工作中,遇到难缠的客户是难免的,客服不需要过多计较,千万不要因为小心眼而坏了大事情。

5.2 搭建客户互动平台

在维护客户的过程中,客服要为客户创造条件,使客户与客户之间、客户与卖家之间的信息互动性增强,将网店的信息有效推送出去,达到客服维护客户的最终目的。客服常用的互动平台有千牛、QQ、微信和微博等,客服通过使用这些平台来增加客户对网店的黏度。

5.2.1 旺旺交流群的创立

阿里旺旺是客户与客服交流的主要聊天平台,也是客服工作的主要平台。卖家版的阿里旺旺升级为千牛卖家工作台,其功能类似于我们常用的 QQ、MSN 等聊天工

具,但阿里旺旺的使用更具有指向性,是淘宝网和阿里巴巴为商人量身定做的免费网上商务沟通软件。同我们日常接触的聊天软件一样,阿里旺旺也能创建群聊,即客服创建阿里旺旺群,将新老客户加入这个群里面聊天,如图5-7所示。

图 5-7　阿里旺旺聊天群

客服可以通过阿里旺旺群宣传产品上新、店铺优惠等信息,让客户及时获取信息,而客户则可以在群里与其他的客户讨论、分享产品的使用情况。客服主动创建这样的信息互动平台,有利于培养客户对店铺的依赖感。

5.2.2　老客户QQ群的建立

如果客服能够将自己拥有的客户资源集中起来,建成一个QQ群,主动在群内与客户们进行交流,同时也欢迎各位客户互相分享自己的产品使用心得,当卖家与买家、买家与买家之间形成了一种互相信任的关系之后,客服会发现自己的销售工作更加轻松,业绩也会十分突出。

QQ 群主要针对老客户,因为只有当客户对客服和网店产生了信任,才会将自己的 QQ 信息告知客服。老客户聚在一起,友好的交流和共享更能有效地促进产品的销售量。

5.2.3　微信平台的使用

微信公众号是腾讯公司在微信上的一个功能模块,个人和企业都可以通过这一平台打造微信公众号,通过文字、图片、语音等实现和特定群体的全方位沟通、互动。网店自然不能落伍,在微信被广泛使用的时代,网店客服将广告放在成本绩效和收益都较大的微信平台上,也不失为管理客户的绝佳策略。

某淘宝女装店铺的微信公众平台页面如图 5-8 所示。

图 5-8　某淘宝女装店铺的微信公众平台

相比于传统的广告推广,微信公众号的融入使得广告信息能更为便捷地到达客户手中,客户能够通过更便捷的方式获得网店、产品的最新信息,在一定程度上增强了客户的购物体验。除此之外,使用微信平台推送广告,还有许多传统推广方式所不具备的独到优势:

(1)不需要运营美工人员,智能手机即可实现拍照发布;

(2)熟人情感经济,直接打钱发货或借助微信、淘宝平台交易;

（3）无流量压力，客户黏度高，无须购买流量，无须推广，可以更好地实现对熟客、大客户、批发商的管理；

（4）创业成本超低。

对于客服而言，微信平台的开放无疑增加了自己的宣传销售途径。该平台具有的优势如下：首先，通过微信平台促成的交易客单价较高，且不需要同时维护太多客户，一般维护百人左右的规模就可达到不错的销售额；其次，客服所掌握的这些客户是不断积累的，是依靠关系维系的，信任度是不断增加的，客户评价是完全隔开的，一个人的差评不会干扰其他人的选择。从客服工作压力方面来讲，维护微信平台的压力要小很多。

基于微信平台对于维护客户关系、促进店铺销量的优势，客服在工作中可以更快地提供上新信息和更多的优惠信息，以及更快捷地回复咨询，客户也会拥有更好的购物体验。这些优势已成为客户加入微信平台的契机点，当客户加入了网店的微信平台，客服在推广信息和一对一的服务方面往往能有更好的表现。

5.2.4　微博分享奖励

新型网络社交平台还有一位重要的成员——微博。微博以其简短性、便捷性、公开性的特点深受大众喜爱，客服在建立与客户的交互平台时，自然不能少了微博。

网店搭建客户互动平台的主要目的在于宣传网店产品，让更多人知晓网店，提升产品销量。网店可以设置微博分享奖励，让购买了产品的客户主动晒出自己的产品，并告知其周围朋友。网店可对客户的这一分享行为进行物质奖励，鼓励客户主动帮助店铺进行宣传。某化妆品网店的微博分享活动如图 5-9 所示。

图 5-9　某化妆品网店的微博分享活动

5.2.5 促进店铺收藏量

网店收藏量可以提高店铺产品在淘宝人气排名中的位置,收藏量越多,产品的搜索排名就越靠前,就能让更多的顾客看到产品,从而提高产品的销量。简单地说,店铺的收藏量越高,表示产品的人气排名越高。所以,客服在与客户进行交流时要尽可能地推荐客户收藏自己的店铺,客服可以"收藏有礼""收藏抽奖"等方式吸引客户收藏店铺,如图 5 - 10 所示。

图 5 - 10 "收藏有礼"活动

5.3 打造客户忠诚度

在电子商务活动中,我们常常可以发现这样一种有趣的现象:相当一部分消费者在网店的选择上具有重复性,即在一段时间内甚至很长时间内消费者会重复选择一个或少数几个网店,很少将购买范围扩大到其他同类网店。例如,某位消费者在购买化妆品时,出于对网店的信任和满意,只在这一家网店进行购买。我们将客户的这种在同一店铺重复购买产品的行为称为客户的忠诚度,网店在着力经营客户关系的过程中要致力于提高客户忠诚度。

5.3.1 提升客户的满意度

电子商务最理想的发展模式便是客户获得了自己满意的商品,而网店赢得了产品利润,并以此良性模式循环发展。那么,如何让客户在整个购物环节中获得最满意的感受呢?这就需要网店重视用户体验,即提高客户满意度。

客户关系管理中有一个著名的三角定律:客户满意度＝客户体验－客户期望值。客户期望值与客户满意度是成反比的,前面我们也讲过,客服在与客户交谈的过程中要适当降低客户的期望值,同时客户期望值需要与客户体验一致。在电子商务中,客户的感知价值不仅来源于产品的实物价值,更来源于产品的精神价值。因此,在电子商务交易中,客户满意度的决定因素主要有以下几点:

(1)客服服务满意度,包括服务的可靠性、及时性、连续性等;

(2)网店产品满意度,包括产品质量、价格、功能、设计、包装等;

(3)客服行为满意度,包括客服的行为准则、广告行为、电话礼仪等;

(4)网店形象满意度,包括网店网页的画面设计和内容设计等。

其中,客服行为主要包括店铺的行为机制、行为规则、客服的广告行为等,在这里我们重点讲述客户对客服广告行为的满意度。

客服的广告推送是客服销售产品的重要途径,客服主要采用发送短信、发送邮件、拨打电话等方式来宣传产品,而事实上许多客户并不喜欢接受大量的广告信息。过多的广告信息会降低客户满意度,客服在进行广告宣传时可以参考以下几条建议:

(1)同一广告信息只能发送一次。客服在给客户发送上新消息、优惠消息时,要记住这类信息只需要发送一次。有的客服担心客户没有收到信息,同样的信息发送2～3次,这样的行为在客户眼中便成了广告骚扰。

(2)尽量不要使用不同发布途径来发布同一消息。客服可以通过客户订单得到有关客户的多方面信息,如阿里旺旺账号、电话号码、邮箱地址等,但对于同一条广告信息切忌发送到每一个联系方式上。如果客户在阿里旺旺、手机短信、电子邮件、微信平台上都收到了你的广告信息,那么这种广告"炸弹"不仅无法起到宣传的作用,还会让客户感到十分不满。

(3)发送隐晦的广告信息。现代人大多厌倦了广告,可如果将产品的广告信息融入其他元素之中,那么这种广告效果将会比生硬的广告行为更容易被客户所接受。例如,当发现顾客的优惠券快要到期时,客服可以提醒客户留意优惠券的期限为方式,向客户介绍店铺有上新信息,欢迎其来店选购。又如,客服可以在节日期间给客户发送

慰问信息,顺便介绍店铺的上新和优惠活动。这样的隐晦广告信息会让客户更乐于接受。

客户满意度在很大程度上与客服的服务质量有着直接的关系,客服的服务态度、所说的每一句话、回复的速度、对产品的熟悉度等都是影响客户满意度的因素,这在一定程度上考验着客服的综合能力。客服在工作中要竭尽全力展现自己的专业性,无论是在服务态度还是服务速度上,每一个细小环节都是客服应该把握的关键点。

5.3.2 培养客户忠诚度的最佳途径

一份关于客户忠诚度的调查报告显示,客户对网店的依赖性和忠诚度与客服的服务密切相关。最让客户看重的便是客服能否在工作之余提供更多的服务,客服是否主动奖励客户的推荐行为,以及客服能否提供客户专属的优惠。概括地说就是,客户最注重的是客服是否让其感受到自己是独一无二的。

网店不仅需要理解客户的差异性及其对个性化的追求,还需要对现有和潜在客户进行细分,建立最有吸引力的客户群,为他们开发并提供具有吸引力的相关产品和服务,即为客户提供超值服务。超值服务就是所提供的服务除了满足客户的一般需求外,还有部分超出了一般需求以外的服务,从而使服务质量超出客户的正常预期水平。提供超值服务既是一种"价格战",又是一种"心理战"。超值服务的开展可以通过提供客户关怀和创造惊喜来提高客户忠诚度,主要包括提供客户关怀和特权体验。

1. 客户关怀

客户关系管理的核心便是客户关怀,例如,客服需要在节假日或客户生日期间给客户送去祝福短信,增加客户的好感。让客户感受到客服的关怀,其途径是很多的,如在客户收到商品的15天之内主动咨询客户该商品的使用效果,是否有不满意之处,主动进行回访并认真记录。淘宝某家烘焙店的客服,在客户购买商品的过程中会去揣摩客户购买这些材料具体做什么点心,例如客户购买了蛋挞皮、黄油、蛋挞器具,他猜测这位客户可能要买回家做蛋挞,于是在与客户交谈之后,主动免费送上一些烘焙制作的书籍供客户学习,这样的关怀总让该烘焙店的回头客源源不断。

客户花同样的价格不仅买到了心仪的商品,还买到了优质的服务,这是客户愿意继续在店铺购物的主要原因。客服在必要的时候为客户创造一份惊喜,是让客户保持忠诚度的绝佳方法。所谓付出才有回报,在客户关系维护中,这个道理同样适用。客

服可以不定期地为客户送上一些试用产品,也可以在顾客生日之时送上一份小礼物,这种小成本的花费可让客户感受到购买商品之外的惊喜,对于客户关系的维护具有相当重大的意义。

2. 特权体验

特权体验主要是让客户感受到一种专享服务。专享服务也称独享服务,是指客服所做的服务工作、店铺所放开的优惠权限不是针对所有客户,而是只有少部分的客户才能享受,这让特定群体的客户在身份、地位上显得"高人一等"。专享服务可以通过店铺的专享折扣和客服的一对一服务等方式进行开展,让客户真正感受到自己的独一无二。

专享折扣是只针对部分客户才有的优惠活动,例如其他客户享受 8.8 折,而部分客户享受的是 6.8 折,这样的专属价格必然会在一定程度上留住客户。

客服的工作忙碌而繁重,在同一时间往往要接待好几位客户,可若是客服为部分客户提供一对一的服务,最及时、最快捷的回复往往能让客户对店铺心生好感,有利于保持忠诚度。

5.4 客户细分管理

客户细分以客户的诉求和商家的自身利益为出发点,对客户群体进行深层次的分类,以便更好地抓住客户诉求,提供更加精准的营销。

5.4.1 为什么要做客户细分

传统的营销方式比较简单粗暴,客服对待所有客户千篇一律,即推送的内容都一样。这样做不仅效果差,还会造成不良的客户体验,以致资源浪费。

从客户需求的角度来看,客户希望商家能提供符合需求的商品和个性化的服务;而从商家利益的角度来看,不同群体的客户对企业的价值不同,商家的营销资源有限,对于不同价值的客户,其提供的商品、服务也不一样。

因此,正确的营销方式应该是在合适的时机向正确的营销对象推送正确的内容。因此,在开展营销工作前要先找对对象。

5.4.2 传统的客户细分方式——RFM 模型

RFM 模型是传统的用于衡量客户价值和客户创利能力的重要手段。RFM 模型主要由以下三个指标组成。

1. 最近一次消费（recency）

最近一次消费是指客户上一次购买产品的时间。理论上来说，距离上一次消费时间较近的客户是较好的客户，商家为其提供即时的产品或服务也最有可能获得相应反应。

2. 消费频率（frequency）

消费频率是指客户在一定时间段内的消费次数。通常认为，越常购买产品或服务的消费者，其忠诚度也就越高。增加客户的消费频率意味着从竞争对手处抢得市场占有率，从别人的手中赚取营业额。

3. 消费金额（monetary）

消费金额是指客户在某网店的消费总额。它是对电子商务网站产能的最直接的衡量指标，该指标可以很好地验证"帕累托法则"——公司 80% 的收入来自 20% 的客户。

RFM 模型适合快消品行业，即使用周期短、易重复使用的商品。最近一次消费和消费频率这两个指标，适用于快消品行业。

但这样一个经典的模型也并非是万能的，面对电商、互联网和移动互联网时代，RFM 模型仍存在很多局限性。RFM 模型对非易耗品且品类单一的商家不适宜。如家用电器类产品，该类产品品种单一，客户的购买频率很低，大部分客户一年内的消费次数可能不足一次。这时，RFM 模型的价值将大打折扣。

另外，RFM 模型是一种"静态"描述客户价值的方式，而互联网时代强调的是客户和商家的互动。比如，有客户 A 和 B，在上次购买距今 2 个月的时间里，都没有再进行过第二次购买。但在此期间客户 A 咨询了 5 次，拍下未付款的订单有 2 个，而客户 B 没有与商家进行过任何互动。按照 RFM 模型，这两个客户被视为同一类客户，但实际上这两个客户对商家的价值显然是不同的。

因此，我们需要找出一种既能衡量客户的已有价值，同时又能挖掘客户潜在价值和潜在需求，并可以指导营销方向的细分客户的方式。

5.4.3 互联网时代客户细分方式

图 5-11 展示了网络时代细分客户的方式。

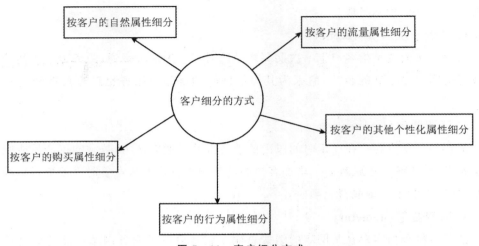

图 5 - 11　客户细分方式

1. 按客户的自然属性细分 (见表 5 - 1)

表 5 - 1　客户的自然属性细分

属性	属性描述及作用
信用	指淘宝买家信用 对于新客户或者潜在客户,通过信用等级可以判断出买家的购买力和网购经验,为该客户未来在店铺中的消费能力提供间接参考,便于更加精准地做好营销
客户等级	指淘宝买家客户等级,分为普通客户、高级客户、VIP 客户、至尊 VIP 客户 客户等级是店铺中老客户购买力和忠诚度的最直接体现,通过这四个等级可以粗略地对客户进行细分
联系地址	指买家填写的收货人地址 可以根据联系地址中的关键词模糊定义买家的职业,如地址中包含"学校、中学、大学"等关键词,则基本可判断买家是学生或老师;地址中包含"政府、法院、检察院"等关键词,则基本可判断买家是公务员
省区市	指买家填写的收货人的省区市 这是了解消费群体分布的一个重要指标
手机号段	指买家的手机号类型
邮箱类型	指买家的邮箱类型 1. 不同的邮箱类型代表了不同的使用人群,店铺可以利用数据分析了解客户不同邮箱类型的购买情况,以便更好地进行邮件营销 2. 不同的邮箱类型每天可接收的邮件量不一样,超过一定量后邮件可能会被屏蔽,提供客户邮箱类型便于店铺在批量发送邮件时做参考 3. 通过邮箱类型能判断客户的层次,如用 gmail.com 的客户普遍是互联网高端客户;同时,店铺通过判断邮箱类型,还能去除很多垃圾邮箱数据,提升邮件发送的效率和质量 4. QQ 邮箱有特别的优势,适用于发送时效性较强的营销邮件,因为腾讯默认支持有新邮件弹窗。163 邮箱则要求所有发送的营销邮件需增加"AD"字样

续　表

属性	属性描述及作用
性别	指买家的性别 1. 现有性别比例的分配结果能精准地描述目标客户群体或者潜在客户群体的男女比例,可以为市场投放提供基础数据支持 2. 能够给商品类目的规划提供一些指导建议 3. 女性的消费习惯和男性不同,商品偏好也不同。一般来说,女性是全家人的购买决策者,可以结合其购物行为,推测并深挖其购买能力
年龄	指买家的年龄 了解不同年龄段买家的购物习惯和行为,为商品的调整和开发提供数据支撑和指导。不同年龄段买家的消费水平不同,且消费需求也不同,店铺通过年龄划分可以做到更加精准的服务和营销
生日	指买家的生日 1. 了解客户生日是为了更好地做好店铺的关怀服务,例如提前发一条生日祝福短信或邮件,通过生日当天免邮或其他方式表达对客户的祝福,从而提升店铺的服务,加强客户对店铺的认同感 2. 店铺提供的贴心服务和关怀,客户可能把这种体验通过微博、微信等方式分享出来,从而形成良好的口碑效应

2. 按客户的流量属性细分(见表5-2)

表5-2　客户的流量属性细分

属性	属性描述及作用
注册时间	指客户在淘宝网的注册时间 可用来衡量潜在客户的价值,如果某潜在客户在淘宝的注册时间很早,说明这是一个较成熟的网购客户,且是有较大价值的潜在客户
最后登录时间	指客户在淘宝网最近一次的登录时间 在衡量客户是否为流失客户时,不妨参考这个指标。若一个客户最后登录淘宝的时间已经很久远,基本可以判断该客户流失了或者已更换账号
咨询时间	指客户在阿里旺旺上的咨询时间
交易来源	指订单来源,包括普通淘宝、淘宝移动端、聚划算等
打开过邮件的次数	指客户打开过邮件的次数
点击过邮件的次数	指客户点击过邮件的次数
最后短信营销时间	最后一次发送短信给客户的时间
最后邮件营销时间	最后一次发送邮件给客户的时间
其他	—

3. 按客户的购买属性细分（见表 5 - 3）

表 5 - 3　客户的购买属性细分

属性	属性描述及作用
购买的商品	指客户购买过的商品
购买的商品数量	指客户购买过的商品数量
订单数	指客户成功交易的订单数
客单价	指客户单次的平均成交金额 1. 客单价＝总成交金额/购买次数 2. 通过客单价可以判别某个客户的购买能力，同时可以通过新老客户的客单价对比进一步了解客户的购买行为和属性
货单价	指客户购买的商品的平均价格 1. 货单价＝总成交金额/购买商品数量 2. 客单价高的客户也有可能是经常购买便宜货的客户，所以货单价配合客单价指标可以更加精准地筛选出购买力强、质量高的客户
付款时间	指客户在当前店铺付款的时间
首次下单时间	指客户首次在当前店铺拍下宝贝的时间
最后下单时间	指客户最后一次在当前店铺拍下宝贝的时间
首次付款时间	指客户首次在当前店铺付款的时间 该指标常用于筛选某个时间段开始成为店铺的客户，在大量吸引新客的阶段，该指标可以帮助店铺衡量吸引新客的效果
最后付款时间	指客户最后一次在当前店铺付款的时间 这是衡量客户是否处于睡眠期或流失期的重要指标。一般结合"购买次数"和"购买金额"两个指标使用，被称为"RFM"分析
付款次数	指客户在当前店铺付款的全部次数
付款金额	指客户在当前店铺所有付款成功的金额
下单时段	指一天 24 小时内客户拍下订单的时段
付款时段	指一天 24 小时内客户的付款时段
其他	—

4. 按客户的行为属性细分(如表 5 - 4)

表 5 - 4　客户的行为属性细分

属性	属性描述及作用
卖家备注	指卖家对订单的备注信息,可通过特定关键词查找有特定需求的客户
买家留言	指客户提交订单前的留言,可通过特定关键词查找有特定需求的客户
买家评价	指买家确认收货后的评价内容
退款次数	指买家退款的次数
退款比例	指买家退款订单占总订单数的比例
退款金额	指买家退款的订单金额
退款商品	指买家退款的商品
中差评次数	指买家中评和差评的次数
其他	—

5. 按客户的其他个性化属性细分

在细分客户时,如果以上四类属性仍然无法较为清晰地描述客户的特性,则需要我们再追加一些更加个性化的属性,例如:

客户的性格、喜好——小气、大方、啰唆、贪小便宜、爽快等;

客户的商品属性——肤质、尺码、对材质的要求、胖瘦等;

客户的促销属性——对包邮、赠品、满减活动敏感等;

客户的服务属性——对物流苛刻,对客服回复速度和回复质量要求高等;

客户对商品的了解程度——专业、业余、了解等;

客户喜欢的接触方式——旺旺群、QQ 群、邮件、短信等。

5.4.4　客户细分实操小技巧

1. 逐步细分法

客户细分是一个迭代的过程,很难保证一次性细分合理,我们可以由粗到细、由浅入深,逐步进行细分。

当细分市场所涉及的因素很多且各因素是按一定的顺序逐步进行的时候,实行逐步细分法,目标市场将会变得越来越具体。例如,当我们需要确定某些客户是否已流失时,可以根据筛选的结果,不断细化和修正分类的方式,如图 5 - 12 所示。

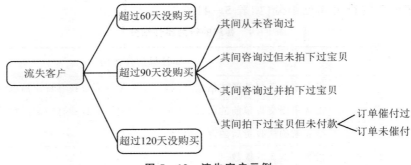

图 5－12　流失客户示例

从图 5－12 可以看出,对于"超过多少天没有再次购买就算流失客户"这个问题,我们并不是很清楚,因此分类标准需要不断地修正和细化。

2. 判别分类法

判别分类法是指根据观测到的某种指标对所研究的对象进行分类的一种多元统计分析方法。

例如,我们可通过客户收货地址的一些显著特征来对客户的职业做分类:收货地址中包含"中学、高中、大学、学校和学院"的客户,普遍是学生或老师,那么我们就可以把这类客户定义为学生或老师;收货地址中包含"大厦、大楼、公司"的客户,普遍是白领,那么我们就可以把这类客户定义为白领;等等。

我们还可以根据客户的下单习惯来进行细分。例如,抽样发现某部分客户在一年内购买了 8 次,这 8 次中有 5 次发生在早上 7:00—9:00,那么我们就可以把这类客户定义为"习惯于上班途中购买的客户"。

综上可知,客户细分的方式有许多种,关键在于如何有效获取客户数据。一般来说,我们可以通过以下 4 种途径收集客户信息:

(1)通过平台的导出订单功能收集客户信息;

(2)客服通过千牛或旺旺等聊天软件补全客户信息;

(3)通过调查问卷等方式补全客户信息;

(4)通过 ECRM 或第三方 CRM 收集客户信息。

5.5　客户信息管理

对于客服的销售工作而言,客户的资料是最为宝贵的财富,客服一旦掌握了客户的信息就找到了销售的门道,客户资料越详细,客服销售的渠道也越多,所以在 CRM

中客户资料的维护工作也是相当重要的。我们按照客户资料的实用性将客户资料分为如图 5-13 所示的五个等级。

客户购买行为分析 ···················· 保留信息

客户的购买金额、购买单价、购买周期等信息 ···· 高价值的信息

客户的生日、购买商品的次数 ············ 有价值信息

客户的QQ号、微信号、微博账户、年龄等信息 ···· 客户高级信息

客户的ID、姓名、手机、电话、地址等信息 ······ 客户基本信息

图 5-13 客户资料的细分

客服在工作过程中,对于客户基本信息的掌握,可以通过客户的订单信息进行搜集,如客户的 ID、姓名、手机号码等基本信息都会在订单里出现;客户的高级信息是指客户在购买商品的过程中没有必要向客服透露的隐私信息,但由于客户与客服很聊得来,或愿意与店铺保持长期的联系,愿意建立私人情感而留下的联系方式,如 QQ 号、微信号、微博账号等信息;客户的有价值信息则是指有利于维护客户关系、分析客户等级的信息,如客户的生日、购买商品的次数等;高价值信息需要客服在长期的统计工作中获得,如客户的购买金额、购买单价、购买周期等信息;客服能掌握的最高级别的信息便是对信息进行综合分析之后,得出的客户购买行为分析。只要掌握了这几类信息,客服的销售渠道自然也就拓宽了。

5.5.1 客户信息维护的平台

客户信息如此重要,客服在日常工作中要将保留完整的客户信息作为工作中的一项重要项目来完成。客服可以进入操作后台,在客户基础信息中记录客户的相关信息,包括姓名、电话、住址、购买次数、客单价等,以维护客户的信息。

客户完整信息的搜集工作很关键,聪明的客服能从所搜集的信息中对客户进行分析(见表 5-5),这才是客服搜集客户信息的真正目的。

表 5-5　客户信息分析表

客户信息	客服销售信息
年龄	消费能力
	消费习性
	消费侧重
地址	消费能力
	生活习惯
电话	销售便捷性
QQ 号	生活圈子
	客户喜好
购买周期	确定客户的消费能力,检验客户的忠诚度
购买次数	客户黏度和忠诚度
购买单价	消费能力
客单价	划分客户层次
沟通语言	客户质量

5.5.2　会员信息管理

CRM 不仅是一套管理软件,还是一种全新的营销管理概念。利用 CRM 系统,网店能够从与客户的接触中了解他们的姓名、年龄、家庭状况、工作性质、收入水平、通信地址、个人喜好以及消费习惯等信息,并在此基础上进行"一对一"的个性化服务,通过搜集、追踪和分析每一位客户的信息,知道他们的喜好,并以此为依据为他们量身定制个性化服务。

5.6　让客户黏上你

将粉丝力量作为核心驱使力推动平台发展的代表当为"小米手机",这个几年前风光无限的国产手机,正是依靠微博、QQ 空间等大量的铁杆粉丝,在淘宝"双十一"留下了辉煌的篇章。

5.6.1　让客户成为你的粉丝

淘系知名电商品牌"韩都衣舍",2014 年、2015 年在唯品会的销售回款分别为 1.8 亿元和 3.4 亿元,增幅接近 100%！其快速发展的根本原因在于其将快速上新产品的

新型电商产业链模式做到了极致。要使得新品不断爆发式增长,品牌粉丝的重要性不言而喻。

1. 淘宝站内粉丝聚合

淘宝的粉丝定位非常粗暴:但凡买过店铺商品的,或收藏、加购过宝贝的都算作店铺的粉丝,至今有很多消费者连自己怎么成为某家店铺粉丝的都没明白。

按照设计环节中"粉丝"的定位,淘宝的这种粉丝,可以称为"泛粉丝"。也就是说,这类消费者仅仅是不经意间看到某件商品,偶然有了兴趣,或是看到了钻石展位或直通车的推广被吸引,并没有对这个品牌产生浓厚的兴趣和强烈的追逐感、认同感,更没有参与感。

淘宝在给商品进行排名的前期(特别是新品期),最重要的考核指标是点击率,如果店铺连"泛粉丝"都没几个,展现位都拿不到,又谈何点击率?没有点击率,就没有排名,商品就会淹没在茫茫商品海洋中。

要跟淘宝的买家(粉丝)谈感情,从互动升级到信任,是一件极难的事情。目前,淘宝手机端以极致千人千面进行商品展示,导致哪个店铺拥有的粉丝越多,商品的展现量就越多。某淘宝店铺站内粉丝破千万级(见图 5-14),是因为其将强大的生产、设计链发挥到极致,不断去迎合平台的成交属性。

图 5-14 某店铺站内粉丝破千万级

在卖家账户里面,达人账户和微淘账户的粉丝是共享互通的,只要跟店铺或商品有关系就可以计入,而针对这部分的粉丝,随着视频、直播等形式的出现,淘宝慢慢开始给予卖家多种选择:

(1)基于关系管理维护、打折、VIP 权益等得到的粉丝,接入淘宝 ECRM 系统;

(2)基于玩、逛、强互动等得到的粉丝,接入淘宝直播、微淘、达人系统。

从以上的内容可以看出,淘宝卖家不能把粉丝的黏性、忠诚度、参与感等字眼强加在"淘宝买家粉丝"这个特殊群体身上,而应该极致化地去追求数量。

当今的网红、视频,表面上看是形式上的改变,更深入的理解应该是思维和意识形态上的变化。比如,当淘宝把微博和店铺粉丝有机结合起来,并尝试把微博粉丝带到淘宝来成交的时候,这种流量的求同存异就会让卖家不得不转变"微博粉丝"是站外粉丝的想法,将其转变为"站内粉丝"。

2. 淘宝站外粉丝裂变

淘宝不仅通过官方微博发展粉丝,还通过微信、QQ 空间和手机短信等途径来积极发展粉丝。店铺、达人微淘的粉丝将变得多属性、多标签化,以后这些粉丝可能不会叫"淘宝粉丝",而应称为"微电商平台粉丝"。

众所周知,淘宝的运营环境大不如从前,更多的卖家把精力放到粉丝经营上,同时也把淘宝店铺保留作为交易场所。淘宝也希望店铺帮平台带来用户,并给予这些店铺更多的支持和扶助。

例如,某母婴店铺的铁杆粉丝张××,自从当了妈妈之后,她最大的感触就是每次网购都不是自己一个人扫货,而是组团扫货。很多人当了妈妈之后会加入各种各样的妈妈群,交流育儿经验,每当其他妈妈在群里说想买个什么东西时,张××都会无私地把自己购买过的链接分享上去,无形中帮助商家提升销售额。

现在,微信、手机淘宝的便捷性让越来越多的网购人群选择用手机下单,并在朋友圈分享自己的购物体验。商家只要牢牢把握住这类客户,让他们身后无数的潜在客户在你的店铺下单,那么此类潜在客户的购买力将可想而知。美国著名推销员乔·吉拉德在商战中总结出"250 定律",他认为每一位客户身后,大体有 250 位亲朋好友。如果你赢得了一位客户的好感,就意味着赢得了 250 个人的好感;反之,如果你得罪了一位客户,就意味着得罪了 250 位客户。

曾经在一家卖干货的店铺中看到这样一条评价:"最近同事们都不理我了,因为我把他们带到了你家,在美食中他们都迷失了自我。"通过这段评价我们不妨猜测一下,如果这位客户为店铺带来 10 位同事,那么这 10 位同事身后又有多少潜在客户呢?

3. 社交账号引粉

很多微博大咖(大"V",通常指活跃粉丝数达 30 万人以上)的变现渠道基本依靠微信个人账号,而不是依靠微博本身或者微信公众号。

提起 QQ 这个社交网络服务(SNS)工具,很多人都会想到"刷单 QQ 群"。很多人利用 QQ 是腾讯的产品而不是阿里巴巴的产品这一点,在 QQ 群里肆意妄为。随着淘宝打击刷单行为力度的加强,QQ 的利用率在淘宝卖家群体里已逐渐降低。但是对于 90 后、95 后这些即将成为淘宝主流卖家的群体来说,QQ 空间的作用同样不能忽视。我们可以把 QQ 空间设置为允许所有人都可以访问,如果要屏蔽一些广告,可以选择单人 QQ 禁止访问、评论或留言审核,如图 5-15 所示。

图 5-15 QQ 空间权限设置

鉴于 QQ 的好友数量有限(1000 人),店铺可以将核心的老用户添加为双向好友并进行备注,同时设置好分组,以备不时之需。

想要将淘宝店铺的客户加为微信好友、QQ 好友,我们可选择以下两种方式:主动添加方式和被动添加方式。

若采取主动添加方式易受到好友数量的限制:微信如果是新号,开通后建议不要马上添加多个好友,极容易被封号。超过 3 周以上的微信号较为安全,每天可以添加20 多个双向好友,QQ 可添加的数量更少。主动添加的方法有很多,可以通过淘宝店铺后台导出买家的手机号,再将这些手机号导入手机通讯录里,然后通过手机号实现QQ 好友、微信好友的添加,如图 5-16 所示。

图 5-16　手机联系人导入

被动添加的形式多种多样,如可在商品包裹里放置卡片,并在卡片上印制二维码。例如"亲,开包好运哦,扫码添加微信(或 QQ),立有 2 元红包送上"等。

4. 朋友圈的维护

无论是主动添加还是被动添加,店铺在朋友圈的维护上,要用心经营,切勿因小失大,一旦丢了个人诚信,日后用钱也难买回来。无论是运营个人微信号还是店铺微信号,我们都要尽量亲力亲为,踏踏实实地为客户提供服务和帮助。

(1)微信朋友圈的维护

发朋友圈的文字尽可能是原创的,可以是心得,也可以是吐槽,但是要接地气,别太"高大上";不要每天为了发产品而发产品,若有好产品,先包装好,在一定的场景下发出来,能让人眼前一亮;朋友圈中跟你的经营类目相关的内容应该占 60%～80%,其他的内容占 20%～40%。秀恩爱、秀美食、秀车等只会显得你缺失很多东西,实在想秀可以自拍或拍下团队打包发货的场景。

朋友圈里可能充满了微商和各种鸡汤,即使这样也不要屏蔽,既然是客户,就要忍耐。偶尔去点赞、评论一下,要知道一个赞和几个字,就是两个路人变好友的最好开场白。

(2)QQ 空间的维护

QQ 空间的维护相对比较简单,下载手机 QQ 空间 APP,发"说说"。现在 QQ 空

间已经全面支持直播,如果好友多,就可以在上面做直播。QQ 空间的直播会产生手机弹窗,可以邀请其他 QQ 好友来观看。

5.6.2 让粉丝成为"铁杆粉丝"

铁杆粉丝是指对企业品牌忠诚度极高的群体,他们不会因为企业产品或服务一时的好坏而改变对企业品牌的支持态度,而是会像家人一样与企业同喜同悲,积极主动地宣传企业的产品,参与企业的研发设计和营销推广。由此可见,对于企业而言,铁杆粉丝是极其重要的资产。如果企业在最初培养出一批铁杆粉丝,就能在之后的口碑营销中依靠他们撑起市场,快速发展。

1. 好产品是打造铁杆粉丝的基础

企业要想最终赢得市场,就必须做好产品,产品质量必须过硬。企业推出的产品品质好、有特色、适合消费者,才能引起消费者的关注,获得消费者的认可和喜爱,最终成为消费者生活中必不可少的一部分。所以,企业培养铁杆粉丝的过程本质上就是一个打造适合消费者的精品的过程。谁的产品更适合消费者、品质更高,谁就能获得更多的铁杆粉丝,就会取得更大的成就。

要想吸引粉丝关注,提升粉丝的忠诚度,培养尽可能多的铁杆粉丝,企业就必须抓好产品设计环节,给粉丝营造一种期待感和惊艳感。毕竟人人都期待获得一个与众不同的产品和一种愉悦美妙的体验,如果企业能够做到这一点,就会在粉丝心目中留下深刻的印象,自然也就会收获自己的铁杆粉丝。

对于用户而言,产品设计得如何,功能是否强大,其实是通过与其他同类产品进行比较而得出的结论。在价格相差无几的前提下,如果一款产品比其他产品性能好,那么这款产品就好;相反,如果一款产品在性能上比不过其他同类产品,那么它便不会进入消费者考虑的范围,最终被无情地淘汰掉。

小米手机能够在竞争激烈的智能手机行业异军突起,由最初名不见经传的小品牌发展成为今天的行业巨头,依靠的就是"为发烧而生"的经营理念。在雷军等创始人看来,小米手机应该具备极高的性价比,尤其是要在性能上比同价位手机胜出一大截,甚至要能够挑战那些价格更昂贵的高端手机产品。

很多产品虽然看起来美好而强大,但是操作起来却异常烦琐,导致很多用户望而却步。用户喜欢能够轻易理解和掌握的产品,因此,企业在设计产品时要懂得做减法,除了要在产品功能和外形上坚持简约设计原则以外,还需要在产品操作性和实用性上贯彻简约理念,让用户能够在最简单的条件下操作产品。

微信"摇一摇"功能最大限度地减少了操作流程和界面,让用户以最简便的方式使

用产品,因此得以火爆。该功能的界面里没有任何按钮和菜单,也没有其他入口,简约到只有一张图片。在这个界面中,用户只需要做一个摇一摇手机的动作。这个动作很简单,人们轻易就能做到,大大保证了用户操作的简洁性,提升了用户使用时的参与感和仪式感。

随着社会的不断发展进步,很多消费者在购买产品时除了看重质量和使用价值以外,还越来越看重产品的个性化特色。也就是说,对于消费者而言,产品的装饰性、身份性等符号化的特征变得越来越重要,已经成为影响消费者做出购买选择的重要因素。所以,企业在设计产品时要习惯站在用户角度来思考问题,多想一想用户喜欢什么样的产品,力求让自己的产品个性化。如此,企业的产品才会变得更有个性,才能引起消费者的关注,培养出一批铁杆粉丝。

2. 打造思想上的磁石

企业在制造高品质产品的同时,也需要在思想上不断创新,吸引粉丝关注,并最终和粉丝在思想上建立起强有力的连接。

(1)让思维惊艳粉丝

企业除了要在产品品质上下功夫以外,还需要在思维上进行创新,力求展现出与众不同的思维,让粉丝感到惊奇,继而产生强大的磁场效应,提升粉丝对产品的忠诚度。也就是说,企业要善于以新创意吸引粉丝、抓住粉丝,以此培养出真正的铁杆粉丝。

人们习惯顺向思维,很少逆向思考。如果企业善于打破人们的思维定式,用逆向思维与粉丝进行互动,那么就会给粉丝带来思想"风暴"。企业在设计和改进产品的过程中要敢于反传统,善于从别人想不到的角度去看待产品。这样一来,企业的产品创意才会更有看点,才能引发消费者更广泛的关注,使消费者对企业的创新能力另眼相看,最终成为企业的铁杆支持者。

除了展示思维上的魅力,企业还可以通过自媒体将自身包装成思想上的智者,为粉丝储备丰富的精神食粮、提供明晰的思维方向。如此一来,企业就会成为粉丝离不开的思维仓库。

华为非常注重打造"思想智者"的形象,通过"蓝血研究"微信公众号不断地展示公司的经营战略,阐述公司的发展思想,让粉丝进一步了解华为在思维逻辑上的与众不同。更重要的是,"蓝血研究"聚焦于人类的思想和心理,力求通过对人类消费行为的研究来揭示更深层的思想根源。例如,在中秋来临之际,"蓝血研究"发布了一篇名为《从"芯"出发,看不同性格的人如何过中秋》的文章,深入地探究了手机芯片和使用者性格上的联系,为粉丝带来了一场思想盛宴,对粉丝产生了强烈的吸

引力。

（2）用知识拴牢粉丝

企业除了卖产品和展示自身独特的思维逻辑以外，还必须与粉丝建立知识连接。现代社会中人们对知识的渴求异常强烈，人们渴望通过一切渠道学习新知识，增加自身的知识储备，以期变得更有智慧、更具竞争力。如果企业能够打造出一个知识平台，为粉丝提供各种各样的知识，那么就能和粉丝建立起强连接，继而培养出自己的铁杆粉丝。

企业可以在"全"字上下功夫，打造知识百科平台，用全面而丰富的知识吸引粉丝。这些知识越全面，企业越能融入粉丝的生活，粉丝也就越容易习惯性地关注和依赖企业的知识平台。

国内饮料市场的知名品牌"加多宝"非常注重以丰富的知识内容来吸引人们的关注，并以知识为纽带和粉丝建立起强连接。其微信公众号"加多宝凉茶"会定期推出各种知识类文章，内容涉及对热点事情的深度解读、对情感的另类剖析、对生活经验和工作技巧的传授等方面，可以给粉丝带来很多帮助。所以，很多粉丝每天会习惯性地点开"加多宝凉茶"公众号，阅读上面的最新文章，进而成为加多宝凉茶的铁杆粉丝。

企业在知识内容上做专做精，有利于培养铁杆粉丝。专业知识虽然只局限于某个领域，但是能够对专业领域内的粉丝产生强大的吸引力。这种打造专业知识平台的策略对于一些专注某个领域的企业而言非常适用，只要做好这一点企业就可以培养出很多铁杆粉丝。

"俏厨娘"餐饮致力于向粉丝传播专业的饮食知识，教粉丝如何吃出感觉、吃出健康、吃出幸福。其微信公众号上的文章都围绕着"吃"和"健康"展开，向粉丝传授饮食方法和养生技巧，深入地挖掘餐饮文化背后的精髓。通过这些专业知识，"俏厨娘"成功地吸引了大批对美食和养生感兴趣的铁杆粉丝。

（3）特立独行反而令粉丝更难忘

在这个崇尚个性的时代，中规中矩反而很难吸引粉丝的关注，更难以得到铁杆粉丝的鼎力支持。相反，特立独行、个性鲜明的企业和产品则很容易获得关注，而且更容易获得铁杆粉丝的崇拜。所以，企业在打造思想上的"磁石"时不妨给自己贴上"特立独行"的标签，以此作为吸引铁杆粉丝的秘密武器。

独特的观点往往会因为新奇的视角而带给粉丝一种全新的认知，令人耳目一新。虽然粉丝在初次听闻这种观点时可能会觉得很片面甚至滑稽，但是仔细审视之后却会产生醍醐灌顶之感。于是，这种富有个性的观点会深深地扎根于粉丝的内心，提出这种观点的人或企业自然也就成为粉丝崇拜的偶像。

"有书"是一款专为读书人设计的手机应用,目的是让更多人重新找到读书的乐趣。"有书"一直坚持自己个性和独特的观点,善于在文章中展示与众不同的观点,为粉丝提供看问题的全新视角。基于此,"有书"吸引了很多粉丝的关注,培养出了一批积极留言互动的铁杆粉丝。

3. 用免费绑定粉丝的心

很多人在生活中都有这种感受:一提起免费赠品,特别是企业赠送的产品,你的内心就会感到甜蜜和兴奋。如果企业能够在营销过程中巧妙地运用免费策略,就能让自身产品成为大众谈论的焦点,形成围观效应,迅速聚集人气,赢得市场。

(1)免费赠送礼品,带给粉丝惊喜

人人都有"不劳而获"的心理,总会做一些天上掉馅饼的美梦。针对这种心理,如果企业能够有规律地向消费者赠送礼品,就会给他们留下深刻的印象,让他们对企业另眼相看,成为时刻关注企业的铁杆粉丝。

但是,有些企业在实际运营时尽管打出了免费赠送的口号,最终结果却不尽如人意。那么,在运用免费策略时,企业该怎么做才能达到"四两拨千斤"的效果呢?

第一,要突出一个"真"字。很多企业经常会推出"买一送一""买一赠二"等活动,以此聚集人气,提升口碑。令人遗憾的是,有些企业在做活动时可能会虚报产品价格,或者赠送伪劣产品。这些没有诚意的行为让原本的赠品成为"鸡肋",甚至"毒药",会引发消费者的强烈不满。违背诚信的行为其实就等同于自毁口碑,因为没有诚意的赠品会让这些企业失去消费者的信任。

第二,要营造激动人心的氛围。企业做优惠活动的目的是营造一种激动人心的氛围,最大限度地聚集人气,提高粉丝忠诚度。企业可以根据自身的实力,在促销时提供高品质的赠品。这样就能营造出激动人心的氛围,引发消费者的关注,形成围观效应并带动其他产品的销售。

第三,要引起消费者向其他人展示赠品的欲望。如果企业免费赠送的产品让消费者感觉很独特,或者具有很好的性能,那么他们会很愿意向身边的人展示赠品,分享自己的购物经历,甚至可能鼓励亲朋好友也参与进去。这样一来,产品就得到了传播。所以,企业要利用好粉丝的这种心理特征,赠送给粉丝精美而又具有分享价值的礼品,让粉丝帮助企业宣传产品,从而聚集人气,建立良好口碑,最终强化粉丝的归属感,提升粉丝对企业的忠诚度。

总之,企业要巧妙地设置赠品,通过赠送实物带给消费者美妙的消费体验,获得他们的信任,让他们乐于分享购物经历。当然,企业还可以通过赠送礼品的方式来引导消费者的消费意识和习惯。时间久了,他们自然就会依赖这种消费方式,还会越来越

信任企业,最终成为铁杆粉丝。

（2）免费提供服务和娱乐,让粉丝感受温情

有些企业对服务比较轻视,认为制造出好产品才是王道;有些企业则将服务视为可以谋利的重要工具,向消费者收取高额服务费用。

对于企业而言,产品的销售关乎利润,是必须要重视的,但服务也是不可或缺的。服务是企业的软实力,如果将服务做好了,企业在粉丝心中的形象才会更加高大。而且,不收取任何费用的服务能向粉丝传达出一种浓郁的亲近之情,自然会获得粉丝的善意回应。在免费服务的基础上,企业培养铁杆粉丝的成功率将会大增。

正所谓"众人拾柴火焰高",一个铁杆粉丝能够影响一批人,而一批铁杆粉丝甚至能影响整个市场。所以,如果企业想让铁杆粉丝最大限度地宣传品牌形象,撑起品牌口碑,就必须为这些铁杆粉丝建立起一个网络家园。这个家园可以让他们聚集起来畅谈自己的产品使用体验,了解产品研发的最新进展,表达对新产品的意见。

华为手机的畅销离不开粉丝的支持,特别是铁杆粉丝的聚集和宣传。华为进军手机行业后认识到铁杆粉丝的重要性,建立了"花粉俱乐部",以此最大限度地发挥铁杆粉丝对华为手机品牌的支撑作用。"花粉俱乐部"的建立产生了极大的聚集效应,让分散在全国各地的华为铁杆粉丝找到了"家园",可以随时沟通、交流,这进一步激发了他们的忠诚度。更重要的是,众多活跃的粉丝吸引了一大批新人加入"花粉俱乐部",这对华为手机口碑的建立和宣传起到了巨大的推动作用。

现代社会中,人们越来越看重娱乐精神。如果企业做好了娱乐环节,其实就等于抓住了用户的心、聚集了人气。所以,企业也可以通过提供免费娱乐活动的方式广泛地吸引用户参与其中,在愉悦用户的前提下与他们建立更亲密的关系。

4. 重视粉丝

除了通过提供优质产品获得粉丝青睐以外,企业还可以通过授予相应特权来表达对粉丝的尊重,给予粉丝相应的荣耀,让粉丝感受到被企业重视。如此一来,粉丝自然会格外关注企业,对企业产生归属感,最终在心理上将企业放在重要位置。

（1）邀请粉丝参与新产品的开发

在互联网时代,"用户为王"是提升口碑、占领市场的一大黄金定律。在这条定律的支撑下,众多企业都绞尽脑汁地想要大力提升用户的忠诚度,打造自己的铁杆粉丝群体。但遗憾的是,成功的企业少,失败的企业多。其原因在于,大多数企业没有将粉丝纳入产品开发过程中,粉丝缺乏参与感,对企业品牌的认可度和忠诚度自然也就不会太高。所以,企业可以用"直播研发过程"等形式将研发过程全方位地展现在粉丝眼前,邀请粉丝为产品研发出谋划策,提升粉丝的参与感,进而让粉丝真心喜欢企业的

产品。

铁杆粉丝通常痴迷企业及其产品,对它们的了解堪称细致入微。他们的某些看法往往能够直指本质,为研发人员提供帮助。所以,企业不妨将铁杆粉丝视作研发团队的一员,汲取他们对产品研发设计的意见。一方面,这种做法能够让产品变得更加专业,更适合消费者的需求;另一方面,这种做法会被粉丝视为莫大的奖励和荣誉,促使他们更主动地宣传和推广企业的产品,更忠诚于企业品牌。

(2)给予粉丝足够的尊重

人和人之间情感上的关心是相互的,企业和粉丝之间的关系也是如此,企业如果想培养出自己的铁杆粉丝,就必须给予粉丝足够的尊重,让粉丝感受到关爱和重视。这样一来,粉丝才会回报企业,全心全意地宣传企业的产品和服务,成为企业口碑传播的主力军。

对于企业而言,粉丝是最宝贵的财富。在粉丝的支持下,企业才能做出最佳产品,树立口碑,占领市场,获得利润并长期发展下去。特别是在移动互联网时代,粉丝效应能够让企业迅速地成长起来。所以,企业应该珍视自己的每一位粉丝,维护和粉丝之间的关系。

小米发布第一个内测版本时,第一批用户只有100人。那时候小米在手机市场上还默默无闻,也没有做任何推广活动,这最初的100名用户便成了小米最宝贵的财富。小米手机将这100人的论坛ID写在了开机页面上,以这种方式向他们致敬。除此以外,小米公司董事长雷军在每次发布新品时必定亲临现场,与粉丝互动,以此表示对每一位粉丝的尊重,让广大粉丝印象深刻。

企业需要通过各种调查了解粉丝的期望值,然后及时对相应的产品和服务进行调整,使其达到甚至超过消费者的期望。也就是说,企业需要在粉丝最期望的方面自我加压,进行突破,最大限度地满足粉丝。这样才能让粉丝明显感受到来自企业的重视和尊敬,从而提升粉丝的满意度,为企业快速地树立起口碑。

小米手机非常重视满足消费者的期望,为此设计了名为"橙色星期五"的互联网开发模式。在这种模式中,小米团队通过论坛与用户进行在线交流,了解用户对小米手机最大的期望是什么,然后在设计产品时将用户期望充分考虑进去。小米手机重视用户的意见,根据用户期望研发和完善产品,因此提高了用户的满足度,获得了众多粉丝并建立起了良好的口碑。

5. 加大交往投入,成为粉丝的家人

没有互动,就没有友谊。为了提升粉丝对企业产品和服务品牌的忠诚度,让企业在粉丝心目中更有分量,企业必须加强与粉丝群体的互动,在系列互动活动中拉近自

身和粉丝之间的距离,让粉丝感受到家的温暖。

(1)举办粉丝节,与粉丝聚在一起

企业必须加强自身和粉丝之间的交流,持续投入情感资源,才能赢得粉丝在情感上的支持。为粉丝举办一场盛大的节日,让粉丝享受贵宾礼遇,对于企业而言是一种非常不错的情感投资方式。这可以在很大程度上强化自身和粉丝之间的连接,让粉丝对企业更加信任和忠诚。

节日对于年轻人而言总是有着巨大的吸引力,而年轻人则是绝大部分企业想要吸引的粉丝主体。他们对潮流元素非常敏感,舍得在自己感兴趣的方面投入大量的金钱,乐于传播企业的产品信息。所以,如果企业针对年轻人举办粉丝节,就会获得他们的关注,激发他们的参与感,搭建起让他们了解、亲近企业品牌的桥梁。

(2)为粉丝拍广告

一提起拍摄广告,很多企业首先想到的就是怎样才能将产品和服务的特点明确地传递给粉丝,在粉丝心目中留下更深刻的印象。但是,在粉丝经济快速发展的今天,粉丝变得越来越重要,甚至可能对市场起到主导作用。在这样的背景下,企业将广告的主角由原本的产品、服务变成粉丝,为粉丝拍摄广告,便会彰显自身对粉丝的敬意,快速获得粉丝的信任和认同,还会获得粉丝的忠诚和回报。

华为在设计和营销荣耀系列手机时,专门为"花粉"(华为的粉丝)拍摄了一则宣传广告。在这则广告中,华为希望粉丝能够"勇敢做自己",用这种正能量精神全面武装自己,变得越来越好、越来越成功。在这则名为"勇敢的自己"的广告短片中,华为特别突出了本色、友谊、奋斗、勇气等正能量元素,鼓励广大"花粉"在生活和工作中勇于坚持自己的梦想,挖掘自身的巨大潜力,勇敢地迈出第一步。这则广告短片以阳光温暖的风格和奋发向上的精神深深地打动了粉丝,俘获了无数年轻人的心,让他们对华为品牌更有好感,因而极大地提升了华为手机的市场占有率。

(3)办一次剧场式发布会

对于企业来说,产品发布会无疑是营销过程中的重头戏。特别是新产品诞生后,在产品发布会上面对众多媒体镜头揭开神秘面纱的那一刻,某种程度上决定了新产品的曝光率和知名度,对树立产品口碑有着巨大的推动作用。成功的企业善于利用产品发布会制造话题。在发布会上,新产品是绝对的主角和明星,产品有"料"才会成为关注的焦点,才能最大限度地得到传播。

发布会必须要有热点。如何在发布会中制造话题,是一门学问。在新的消费时代,企业在召开新品发布会时必须抓住和制造热点。发布会必须是经过深思熟虑之后才召开的,有一个主要的热点话题,足够吸引媒体记者和社会大众的关注,引发

他们的讨论。

（4）用活动提升粉丝的忠诚度

对于企业而言，培养铁杆粉丝不可能一蹴而就。这是一个慢慢积累的过程，就像喜鹊为了搭巢必须日复一日地衔回枝条，最终才会有一个温暖的家。而各种各样的活动无疑是企业展示形象、提升人气的常用营销技巧，如果将活动做好了，企业在粉丝心中的形象自然会越来越高大，积累下来的良好口碑也会越来越坚不可摧。

通过活动与粉丝互动，企业可以让粉丝变成信息的载体以及潜在消费者的游说者，从而获得更多粉丝的关注，培养出自己的铁杆粉丝。那么，企业在做活动时需要注意哪些呢？

首先，活动必须具有可参与性。企业在举办各种活动前，必须要确保所策划的活动具有可参与性，能够调动人们的积极性，这样才能聚集人气。世界著名的餐饮巨头麦当劳在每年6月1日都会推出带有很多款玩具的儿童套餐，而且给每一件玩具赋予特有的性格、喜好等个性化元素，使之与众不同。这项活动具有很高的可参与性，很多小朋友都乐于获得这种儿童套餐，并且会为了集齐一个系列的玩具而多次光顾麦当劳。

其次，活动要具有趣味性。如果粉丝在活动中体验不到乐趣，那么其继续参与的积极性就会降低。所以，企业在设计活动时既要想方设法为消费者带来实惠，又必须要考虑趣味性，用营造出来的乐趣吸引消费者积极参与。为了聚集人气，提升品牌在消费群体中的认知度和口碑，某奶油品牌举办了一场奶油烹饪活动，专门向参与活动的消费者传授各种奶油烹饪技巧，让他们一起分享制作出来的食物。而且，每个人在活动结束后还被赠送一本菜谱作为礼物，这本菜谱收录了40多种以奶油为原料进行烹饪的菜式。这样一来，整个活动从始至终都充满了趣味性，极大地提高了消费者的参与性，不仅提升了人气，也积累了口碑。

最后，活动必须简单，容易操作。企业在设计活动时必须要保证活动的简单性，让消费者能够非常轻松地理解活动的具体过程。如果企业设计的活动太过复杂，就会为消费者设置障碍，降低消费者的参与热情，从而降低活动的人气，那么最终的营销目的也就不可能完美实现。

参考文献

[1] 鲍舒丽.打造金牌网店客服[M].北京：人民邮电出版社,2012.

[2] 曾水华,向天夫.粉丝运营[M].北京：人民邮电出版社,2017.

[3] 电商运营研究室.淘宝网店运营实用教程——客服篇[M].北京：人民邮电出版社,2016.

[4] 杜一凡.网红粉丝经济[M].北京：人民邮电出版社,2017.

[5] 恒盛杰电商资讯.打造完美网店客服[M].北京：机械工业出版社,2015.

[6] 胡子叔叔.淘宝卖家生存指南[M].北京：电子工业出版社,2017.

[7] 老 A 电商学院.淘宝网店金牌客服实战[M].北京：人民邮电出版社,2015.

[8] 廖刚.网店客服[M].北京：中国人民大学出版社,2015.

[9] 林海.网店客服[M].北京：清华大学出版社,2014.

[10] 吕烨,何健伟.网店 CRM[M].北京：电子工业出版社,2014.

[11] 宋璐璐.销售心理学[M].北京：民主与建设出版社,2016.

[12] 淘宝大学.客户不丢[M].北京：电子工业出版社,2014.

[13] 淘宝大学.网店客服[M].北京：电子工业出版社,2011.

[14] 许巧珍.客服关系管理[M].杭州：浙江大学出版社,2014.

[15] 宇峰.销售攻心术[M].北京：时事出版社,2016.

附 录

知识与技能训练

第一部分　客服岗位认知

一、判断题

1. 服务是具有无形特征,却可以给人带来某种利益或满足感的活动。　　　(　　)

2. 由于实体店客服与网店客服在工作环境、工作形式和工作对象等方面都存在着一些差异性,所以两者在工作内容上也并不完全相同,工作重点和流程都有一定的差异性。　　　(　　)

3. 以顾客为中心是以顾客的要求为中心,其目的是从顾客的满足之中获取利润,这是一种"以产品为导向"的服务理念,这种理念也是促进网店不断发展的动力。　　　(　　)

4. 宽容与忍耐是客服人员的一种美德,也是客服人员必须具备的修养。　　(　　)

5. 顾客的需求主导市场方向,即顾客的需求及变化决定了网店的营销模式与销售结构。　　　(　　)

二、单选题

1. 当线上经营出现"不打折、无销量""要打折、损品牌"时,企业需要第一时间解决的问题是(　　)。

　A. 客户的黏性问题　　　　　　　　B. 产品的质量问题

　C. 客服的服务态度　　　　　　　　D. 企业的运营策略

2. 网店的顾客遍布五湖四海,他们各有特色、各有需求,合格的网店客服一定要擅于在短时间的接触中快速、准确地抓住服务对象的特点,进行产品推荐和销售,这体现了网店客服的(　　)特点。

　A. 工作内容的重复性　　　　　　　B. 服务对象的多样性和流动性

　C. 软件知识的熟练性　　　　　　　D. 工作语言的规范性

3. 因为产品出现质量问题导致顾客投诉,客服需要快速反应找出解决办法。这些突发事件的出现需要客服具备(   ),合理妥善地解决出现的问题,让顾客满意。

    A. 承受挫折打击的能力   B. 情绪的自我掌控及调节能力

    C. 满负荷情感付出的支持能力   D. "处变不惊"的应变力

4. 一般来说,一位客服每天接待 100～200 位顾客,可能第一位顾客就把客服臭骂了一顿,心情因此变得很不好,情绪很低落。这时,需要客服具备(   )。

    A. 承受挫折打击的能力   B. 情绪的自我掌控及调节能力

    C. 满负荷情感付出的支持能力   D. "处变不惊"的应变力

5. 作为网店客服人员,每天都要面对各种各样顾客的误解甚至辱骂,需要有一定的(   )。

    A. 承受挫折打击的能力   B. 情绪的自我掌控及调节能力

    C. 满负荷情感付出的支持能力   D. "处变不惊"的应变力

三、多选题

1. 从现在电商的运营逻辑来说,CRM 需要解决三个问题包括(   )。

    A. 促成潜在客户的成交

    B. 促成客户的再次购买,即回购率

    C. 让会员能够分享和传播,即以老带新

    D. 完善客服的考核机制

2. 电商运营的 CRM,跟传统行业的不同之处在于(   )。

    A. 信息化程度不同   B. 管理内容不同   C. 客户群体规模不同

    D. 互动方式不同   E. 核心业务不同

3. 电商 CRM 实施的目标有(   )。

    A. 潜在客户转化率   B. 新客二次转化率   C. 老客重复购买率

    D. 流失客户挽回率   E. 老客传播率

4. 下列针对成交后客户的 CRM 行为数据的指标包括(   )。

    A. 流失客户挽回率   B. 新客二次转化率   C. 老客传播率

    D. 潜在客户转化率   E. 老客重复购买率

5. 网店客服的重要性体现在(   )。

    A. 塑造店铺形象   B. 提高成交率   C. 提高客户回头率

    D. 更好地服务客户   E. 提升产品的浏览量

四、论述题

以客服的身份,结合自身实际,对不同群体的顾客进行调研,并分析其消费心理与需求。

第二部分　客户体验

一、判断题

1. 买家信誉是使用支付宝成功交易一次,对交易对象进行一次信用评价后获取的分数对应的信用标识。　　　　　　　　　　　　　　　　　　(　　)

2. 注册时间短,买家信用高的顾客,其特点是缺乏安全感,经济条件不好,砍价厉害。　　　　　　　　　　　　　　　　　　　　　　　　　　(　　)

3. 客户上次登录旺旺的时间反映了该客户接触淘宝的时间。　　　　(　　)

4. 支付宝账户实际上是获取客户邮箱的重要渠道。　　　　　　　　(　　)

5. 在售后过程中,开展针对店铺新顾客的二次转化工作不重要。　　(　　)

二、单选题

1. 客服如果能提升10％的询单转化率,店铺就会有(　　)左右的销售额的提升。

A. 2％　　　　　　B. 5％　　　　　　C. 8％　　　　　　D. 10％

2. 询问客户需求后客户无应答,客服接下来应(　　)。

A. 5分钟后再次询问客户需求

B. 15分钟后再次询问客户需求

C. 记录客户信息,30分钟后跟进,如有活动告知活动期限,督促下单

D. 以专家的心态为客户解答

3. 要避免问题件的发生,最重要的是做好(　　),即根据快递公司提供的物流流转信息,一旦发现有售后隐患的物流单立即进行事前处理,防止事态恶化。

A. 售后服务　　　B. 物流跟踪　　　C. 售前服务　　　D. 售中服务

4. 网店售后的一项关键工作就是处理中差评,一般通过(　　)联系给中差评的客户,通过各种沟通方式来促使客户将中差评修改为好评。

A. QQ　　　　　　B. 电话　　　　　　C. 短信　　　　　　D. 旺旺

5. 一位客户七天无理由退货,如果你是一名出色的客服,你认为以下选项最合理的是(　　)。

A. 真诚道歉,提升自身的服务水准

B. 询问原因,另寻补偿方式,避免退货

C. 满足买家的要求,退货、换货、补差价

D. 以朋友的身份跟客户聊天,得到客户的信赖,和其成为朋友

三、多选题

1. 订单中的客户相关数据是极其丰富的,包括客户行为、商品信息、基础信息等,这些类别的数据具体包括(　　　)。

A. 名字　　　　　　　　B. 客户留言　　　　　　C. 下单时间和付款时间

D. 地址　　　　　　　　E. 支付宝账户

2. 通常,成熟的网店在选择物流公司的时候,会考虑(　　　)等因素。

A. 快递是否可送达　　　B. 快递价格　　　　　　C. 送达速度

D. 平均包裹重量　　　　E. 快递公司的规模

3. 顾客的基础信息包括(　　　)。

A. 性别　　　　　　　　B. 会员等级　　　　　　C. 工作性质

D. 年龄　　　　　　　　E. 生日

4. 体验期的邮件内容主要包括(　　　)。

A. 产品使用帮助　　　　B. 产品关联推荐　　　　C. 引导收藏

D. 会员政策　　　　　　E. 近期活动预热

5. 在 CRM 过程中,通常将顾客交易成功之后的一个月称为蜜月期。在此期间,顾客可能会(　　　)等,在此过程中,各网店也要积极打造良好的客户体验。

A. 评价　　　　　　　　B. 退换货　　　　　　　C. 投诉维权

D. 分享　　　　　　　　E. 二次购买

四、填表(做好客户体验)

请完成至少 3 条顾客咨询过程记录,记录内容包含顾客未拍下、未付款等几种不同情况。

顾客咨询过程记录

咨询时间	客户旺旺 ID	咨询内容	回复内容	是否拍下	未拍下原因	是否付款	未付款的原因	做出的补救措施

第三部分 订单处理

一、判断题

1. 缺货是指库存无货可售卖,缺货订单对于客服而言是较为严重的过失,根据淘宝规定,一般情况下,订单超过 72 小时或者在约定时间内不发货,顾客是可以投诉卖家的。   (   )

2. 静默下单的顾客在下单之前没有咨询任何客服,有些顾客可能时间比较赶,有些顾客则是觉得产品详情页的描述已经将情况说清楚了,没必要咨询客服。这种订单直接发货处理就好,没必要留意其他信息。   (   )

3. 天猫店铺的运营,价格一旦确定或打折价格一旦确定,顾客拍下的订单就无法修改价格,只能降低或免去运费。   (   )

4. 礼物单主要针对的是那些将赠送的礼品作为一个单独链接让顾客拍下的店铺,这样操作有一个很大的风险,即如果客服忘记赠送礼物,顾客是可以进行维权的。
                                                                   (   )

5. 经过长时间沟通,顾客终于拍下产品却未付款,这种事情几乎每天都发生在天猫店铺中。面对这种情况,客服可以坐等订单取消。   (   )

二、单选题

1. 当天上午的订单,催付时间段比较好的是(   )。

A. 11:00—12:00 进行催付   B. 16:00—17:00(发货前)进行催付

C. 第二天进行催付   D. 1 小时后马上进行催付

2. 当天下午的订单,催付时间段比较好的是(   )。

A. 1 小时后马上催付   B. 2 小时后进行催付

C. 16:00—17:00(发货前)进行催付   D. 第二天进行催付

3. 当天晚上的单子,催付时间段比较好的是(   )。

A. 第二天上午进行催付   B. 2 小时后催付

C. 第二天下午发货前进行催付   D. 第二天晚上催付

4. 常用的催付方式一般有电话、短信以及旺旺留言。从效果上来看,电话的时效性最强、有效性最高,短信和旺旺留言次之。当然,针对不同的客户,也需要有的放矢,选用不同的催付方式。对于首次购买的客户,催付方式比较好的是(   )。

A. 电话催付   B. 短信催付

C. 旺旺留言催付   D. QQ 催付

5. 如果女性客户下单没有直接付款,一般情况下选择(   )催付更为合适。因为她们更注重购物感受,但不愿被卖家打扰。

A. 电话   B. 短信   C. 旺旺留言   D. QQ

三、多选题

1. 确认订单是客户下单后非常重要的一步,但经常被忽略,很多问题的产生往往就是因为没有进行客户确认。它的重要性体现在(   )。

A. 降低差错率   B. 提醒客户认真核对订单信息

C. 为催付款奠定基础   D. 无须重视

2. 顾客拍下订单初步表示有意愿购买,那么顾客下单后客服还需要做的是(   )。

A. 与顾客核对购买属性和收货地址(如果信息有误,根据订单状态处理)

B. 提醒顾客发货的物流信息和时间,让顾客收货时心里有数

C. 提醒顾客签收包裹之前要拆包验收,避免因快递问题导致售后纠纷

D. 提醒顾客若对产品满意则给予 5 星好评,如有质量问题及时联系售后进行处理

3. 若是不巧出现了订单缺货的情况,客服一定要在第一时间与顾客取得联系,商议出最佳的解决办法。常见的解决办法有(   )。

A. 退还顾客款项   B. 重新调换商品款式

C. 升级顾客的会员等级   D. 赠送优惠券进行补偿

4. 在客服处理的各类订单中,有几类订单属于紧急处理类别,需要第一时间进行处理,这其中包括(   )。

A. 错单   B. 礼物单   C. 投诉单   D. 静默下单

5. 以下属于错单的情况有(   )。

A. 由于顾客填写错误地址和信息,没有第一时间告知卖家,卖家在处理订单准备发货的时候才得知信息的错误

B. 卖家错误地填写了顾客的信息或者错误包装了商品

C. 在客服未发货或货品还在途中的时候,顾客出于某些原因对店铺进行投诉

D. 将赠送的礼品作为一个单独的链接让顾客拍下

四、论述题

对顾客而言,完美的售中购物体验十分重要,遇到拍下订单却迟迟不付款的顾客,作为客服的你该如何处理?请列举三种不同类型的催付话术技巧。

第四部分　售后客服

一、判断题

1. 买卖双方达成退货或换货协议,或淘宝做出退货退款的处理结果后,如果卖家逾期未提供退货地址的,以淘宝系统内填写的"默认退货地址"作为退货地址。(　　)

2. 买家根据协议约定或淘宝做出的处理结果进行退货操作时,可以使用到付方式支付运费。(　　)

3. 若买家填写的收货地址和收货人信息不准确,导致商品在该收货地址被签收的,淘宝视为本人签收,交易做打款处理,相应钱款将支付给卖家。(　　)

4. 如果卖家未在规定时间内提供退货地址,或者提供退货地址错误导致买家无法退货或退货后商品无法送达的,或者买家根据协议约定退货后,卖家无正当理由拒绝签收商品的,交易做退款处理,退货运费由卖家承担。如卖家需要取回商品的,应当与买家另行协商或通过其他途径解决,淘宝不予处理。(　　)

5. 收货人拒绝签收商品后,应当及时联系承运人取回商品,若卖家急于取回商品而产生额外的运费、保管费等费用,则需要由卖家自行承担。(　　)

二、单选题

1. 若与买家未约定发货时间,卖家须在买家付款后的(　　)小时内进行发货。

A. 24　　　　　　B. 48　　　　　　C. 72　　　　　　D. 12

2. 支持"七天无理由退货"服务的商品,淘宝处理的原则是(　　)。

A. 包邮货品的发货运费需要卖家承担,买家只需要承担退货运费

B. 包邮货品的退货运费由买家承担

C. 发货运费需要卖家承担,退货运费的承担以退货承诺设置的为准

D. 发货运费及退货运费的承担原则,以退货承诺设置的为准

3. 卖家开通"信用卡支付"服务后,此时买家使用信用卡支付,卖家需要支付交易金额(包括运费)的(　　)作为交易服务费,而买家只需支付交易金额就行。

A. 0.5%　　　　　B. 1%　　　　　　C. 1.5%　　　　　D. 2%

4. 在整个交易完成后的(　　)天内,买家可以申请售后和投诉。

A. 18　　　　　　B. 15　　　　　　C. 20　　　　　　D. 30

5. 若(　　)天内(以淘宝订单创建的时间计算)相同买家和卖家之间就同个商品进行评价,多个好评只计1分,多个差评只计-1分。

A. 18　　　　　　B. 15　　　　　　C. 14　　　　　　D. 30

三、多选题

1. 售后服务中的日常工作分为（　　　）等类型。

A. 普通售后,只有一些小问题需要客服去跟进解决

B. 特殊售后,需要客服根据淘宝规则和服务规范及时处理,以免破坏客户的购买体验和产品品牌形象

C. 客户维护,提高客户黏度,为下一步做好客户关系管理和客户营销打下良好基础

D. 日常接待

E. 订单处理

2. 买卖双方达成退货或换货协议,或淘宝做出退货退款的处理结果后,卖家应当在收到淘宝处理结果后的（　　　）提供退货地址。

A. 24 小时内　　　　　B. 48 小时内　　　　　　　　　C. 与买家约定的时间内

D. 12 小时内　　　　　E. 72 小时内

3. 下列关于退换货问题的处理原则正确的是（　　　）。

A. 如果是跨境交易且最终确定为退货退款处理的,若由于卖家的原因导致买家无法退货的,则交易做不退货退款处理

B. 商品在退货过程中损毁的,商品退回买家或买家无理由拒签后,交易做打款处理

C. 买卖双方达成换货协议的交易,如卖家收到买家退回的商品后逾期未再次发货的,淘宝有权退款给买家

D. 买卖双方达成退货退款协议或淘宝做出退货退款处理的交易,商品退回至卖家后,淘宝有权退款给买家

E. 如买家逾期未根据协议约定或淘宝规定时间操作退货的,交易做打款处理,交易款项支付给卖家后,买家再次要求退货的,淘宝依然给予处理

4. 签收问题的处理原则包括（　　　）。

A. 若买家填写的收货地址和(或)收货人信息不准确,导致商品在该收货地址被签收的,淘宝视为本人签收,交易做打款处理,相应钱款将支付给卖家

B. 收货人无正当理由拒绝签收商品的,运费由买家承担;收货人若依据签收要求拒绝签收商品或者退回商品的,交易做退款处理,运费由卖家承担

C. 收货人拒绝签收商品后,卖家应当及时联系承运人取回商品,若因卖家怠于取回商品所产生的额外运费、保管费等费用由卖家承担

D. 收货人可以本人签收商品或委托他人代为签收商品,被委托人的签收视为收

货人本人签收

E. 买卖双方应当在交易前对商品情况、交易过程进行详细、清晰明确的约定,因此卖家在发货前与买家确认好收货地址、发货物流、发货时间等约定项,以免产生不必要的纠纷

5. 淘宝网恶意评价的受理范围包括(　　　)。

A. 不合理要求:需双方聊天举证号,证明评价者以中、差评要挟为前提,利用中、差评谋取额外钱财或其他不当利益的评价

B. 买家胁迫:专业给中、差评,且通过中、差评获取额外钱财或不当利益给出的评价

C. 同行:与同行交易后给出的中、差评

D. 第三方诈骗:第三方诈骗所产生的评价

E. 泄露信息、辱骂或广告:评价方擅自将他人的信息公布在评语或解释中,或出现辱骂、污言秽语等损坏社会文明风貌的行为,淘宝网将删除评语或解释中涉及辱骂、污言秽语、泄露信息或广告的内容,但是评价不做删除

四、填表(给顾客满意的售后体验)

为做好售后客服工作,请记录至少3条顾客抱怨或投诉的原因,并提出解决办法。

处理时间	买家昵称	购买商品	抱怨原因	责任方	处理方案	顾客满意度

第五部分　客户关系管理

一、判断题

1. 客户份额是指一家网店的产品或服务在一个客户的该类消费中所占的比重。
（　　）

2. 阿里旺旺是客户与客服交流的主要聊天平台，也是客服工作的主要平台。
（　　）

3. QQ 群主要针对老客户，因为只有当客户对客服和网店产生了信任，才会将自己的 QQ 信息告知客服。（　　）

4. 淘宝买家的客户等级，分为普通客户、高级客户、VIP 客户、至尊 VIP 客户，客户等级是本店铺中老客户购买力和忠诚度的最直接体现。（　　）

5. 最近一次消费是指客户上一次购买产品的时间。（　　）

二、单选题

1. （　　）是针对店铺的潜在客户，即从未成交过的客户的指标，只有通过强化服务和体验环节，才能提升该指标。

A. 潜在客户转化率　　　　　　　B. 新客二次转化率
C. 老客重复购买率　　　　　　　D. 预流失客户挽回率

2. （　　），即通常说的口碑建设，对于耐用品等非回购型产品来说，它是 CRM 建设的核心要素。

A. 潜在客户转化率　　　　　　　B. 新客二次转化率
C. 老客重复购买率　　　　　　　D. 老客的传播率

3. 客户的 ID、姓名、手机、电话等信息是客户的（　　）。

A. 保留信息　　　　　　　　　　B. 高价值的信息
C. 有价值的信息　　　　　　　　D. 基本信息

4. 客户购买商品的次数是客户的（　　）。

A. 保留信息　　　　　　　　　　B. 高价值的信息
C. 有价值的信息　　　　　　　　D. 基本信息

5. 大"V"的活跃粉丝数通常在（　　）人以上。

A. 40 万　　　　　　　　　　　　B. 30 万
C. 50 万　　　　　　　　　　　　D. 60 万

三、多选题

1. 客服常用的互动平台有（　　　）。

A. 千牛　　　　　　　　B. QQ　　　　　　　　C. 微信

D. 微博　　　　　　　　E. 邮件

2. （　　　）主要针对的是成交后的 CRM 行为数据，对这四项数据的提升首先需要商家对客户的生命周期做数据分析并进行统一的 CRM 规划，在服务和营销环节共同发力，才能够有效提升这四项数据。

A. 潜在客户转化率　　　B. 新客二次转化率　　　C. 老客重复购买率

D. 预流失客户挽回率　　E. 流失客户挽回率

3. 在电子商务中，顾客的购物体验不仅来源于商品的实物价值，更多的是来源于商品的精神价值，因此，顾客购物体验的决定因素主要有（　　　）。

A. 客服服务的满意度　　B. 网店理念满意度　　　C. 网店形象满意度

D. 客服行为满意度　　　E. 网店商品满意度

4. 客户高级信息通常包括（　　　）。

A. 年龄　　　　　　　　B. QQ 号　　　　　　　C. 客户的生日

D. 微博账户　　　　　　E. 微信号

5. 客户的高价值信息通常包括（　　　）。

A. 客户的购买金额　　　B. 购买单价　　　　　　C. 购买周期

D. 购买商品的次数　　　E. 客户的 ID

四、论述题

请结合实际案例，提出提升顾客满意度的最佳途径。